3분 만에 달인이 되는 3분 영작 비법들 ①

문법을 전혀 몰라도
성인부터 초등까지
왕 초보에서 고급까지

3분만 배우면
바로 쓰는 영작비법

Charles Lee

출판사: Rainbow Consulting
저자: Charles Lee

First Edition 2007
2nd impression 2009
3rd impression 2011

Copyright © 2007 by Rainbow Consulting.

All rights reserved. No part of this publication may be reproduced, stored in a retrieval system, or transmitted in any form or by any means, electronic, mechanical, photocopying, recording, or otherwise, without the prior permission of the copyright owner.

본 교재의 독창적인 내용에 대하여 일부이거나, 전체이거나, 어떤 형태로든지 저자의 사전 허락을 받지 않은 일체의 무단 복제나 모방은 법률로 금지되어 있습니다.

내용에 대한 이용을 원하는 당사자 (일부이거나 전체이거나, 어떠한 방법을 불문하고)는 출판사나 저자에게 반드시 사전 서면 동의를 받아야 합니다.

연락처:
레인보우 컨설팅
Web page: http://www.rainbowcollege.com
E-mail: webmaster@rainbowcollege.com

머리말

우리 모두는 많은 한국인들이 영어를 배우는데 많은 시간을 투자하고도 잘 못하고 있다고 알고 있습니다.

이러한 원인의 상당 부분은 영어라는 언어 자체에 있는 문제점 때문에 일어나는 것입니다.

예를 들어, 영어는 다음과 같이 습득하기 어려운 문제점들이 있습니다.

- 똑 같은 단어가 변화 없이 주어, 목적어, 보어로 쓰여 혼동되거나,
- 똑 같은 표현이 여러 의미를 갖고 있거나, (to 동사, 동사 ing, that, what……등)
- 한글과 달리 품사를 설명할 때 모호하게 할 수 밖에 없으며,
- 순서가 맞지 않으면 의미 전달을 할 수 없는 등……

이렇게 영어라는 언어 자체가 가지고 있는 문제점 때문에 영작, 문법, 독해 등에 대해 수없이 많은 교재들이 나와 있지만, 대다수의 한국인들의 영어 실력이
현재와 같은 정도 밖에 될 수 없는 것이 정말 안타까운 현실입니다.

그래서 저자는 그 동안의 학문적인 연구, 강의 경험, 실험을 바탕으로 "3 분 비법"들을 개발하고, 영작, 독해, 문법, 말하기에 대해서 단지 1 시간 정도만 3 분 비법들을 배워도, 문법에 대한 사전 지식이 없어도, 어린이나 성인이나 똑 같이 공부 성과가 바로 눈에 나타나는 획기적인 영어 교육법을 개발하게 되었습니다.

이 책의 발간 후에 바로 저작권 등록이 되어 있는 영작에 대한 2 번째의 책과 독해, 문법 및 speaking 에 대한 책들을 출간 할 예정입니다.

책에 대한 질문 사항이나 언어 교육학적인 논의를 원하시는 분은 아래의 연락처로 연락을 해 주시면 성의껏 답장을 해 드리겠습니다.

감사합니다.

Charles Lee

레인보우 컨설팅
Web page: http://www.rainbowcollege.com
E-mail: webmaster@rainbowcollege.com

저자: Charles Lee

Charles Lee 는 영어 교육 전문가입니다.
Waikato University 에서 Applied Linguistics 를 전공, 석사 졸업하고, Auckland University 에서는 English Language Teaching 을 전공, Graduate Diploma 를 취득하였습니다.

저자는 해외에서 10 여 년을 거주하는 동안, 대학의 설립과 학장을 역임하고, 국내에서는 여러 영어 전문 학원의 원장을 하였습니다. 또한 영어 강의를 계속하며 단지 몇 분만에도 영어 실력의 향상을 입증할 수 있는 효과적인 영어 교육법 CAS 를 연구, 개발하였습니다.
몇 년 전에 개발한 초기 CAS 교육법으로 단지 3 개월을 영어를 배운 초등학생들이 한국의 보통의 대학생들보다 영어를 더 잘하는 동영상을 공개하고 있습니다.
Http://www.rainbowcollege.com 이 동영상은 전혀 광고를 하지 않아도 영어 학습의 블로그에서 인기 있는 동영상이 되고 있습니다.

현재 이 교육법은 더욱 효과적인 영어 교육법으로 개발되어, 영작, 독해, speaking, 문법에 대하여 저작권 등록을 마치고 출판으로 이어지고 있습니다. 저자는 현재는 영어 강의를 하며 영어 교육서를 시리즈로 집필하고 있으며 효과적인 책의 출판을 위해 출판사를 설립하였습니다.

또한 영어 공부에 장기간을 투자해도 효과가 없는 영어 교육법을 버리고,
단기간에 실질적으로 영어 실력을 향상시킬 수 있는 효과적인 영어 교육법을 꾸준히 연구하고 있습니다. 이러한 효과적인 영어 교육법을 바탕으로 영어 전문 교육 프랜차이즈를 준비하고 있습니다.

3 분만 배우면
바로 쓰는 영작 비법 ①
Copyright © 2007 by Rainbow Consulting.
All rights reserved.

연락처:
레인보우 컨설팅
Web page: http://www.rainbowcollege.com
E-mail: webmaster@rainbowcollege.com

책의 구성

이 책의 구성은 다음과 같다.

1) 왼쪽은 설명, 오른쪽은 연습문제와 답

각 페이지마다, 왼쪽은 설명, 오른쪽은 설명에 대한 연습문제와 답이 있다.

2) 3 분 비법

모든 영작의 설명에는 3 분 내에 이해하고 영작을 할 수 있도록 "3 분 비법"을 box 로 만들어 놓았다

예: 문의 5 형식은 배우지 마라. 시간 낭비다.

> **3분 비법** 영어는 한가지 형식이다.
> 영어는 단지 한가지 순서로 쓴다. (해당되는 것만 선택)
> 영어의 한가지 순서: "주어 + 동사 + 목적어 + 목적어 + 보어"
> 예: (나는 +불렀다   + 그를   + 구세주라고)

3) 요점, 질문, 문법

요점:
설명을 요약하여 이해가 쉽도록 하였다.

질문:
독자들이 의문을 가질만한 질문을 설명하였다.

문법:
문법 용어를 알지 못해도 영작하는 방법을 배울 수 있지만,
문법 용어를 알기를 원하는 독자를 위해 문법 용어를 설명하였다.

> **Tips**
>
> 질문: "영어의 한가지 순서"에서 목적어가 두개인데 무엇이 다를까?
>
> 답: 앞의 목적어는 "에게", 뒤의 목적어는 "을/를"에 해당한다.
> 영어는 "에게", "을/를"을 둘 다 목적어라고 한다.
> 예)나에게 과일을, 우리들에게 자유를
>
> 문법: 문의 5 형식이란?
> 영어를 적는 순서를 5 가지로 나누어 설명한 것이다.
> 그러나, 영어는 한가지 순서로 적으면 되므로 **문의 5 형식을 배우는 것은 시간 낭비다.**

4) 예
설명에 대해 예를 들었다.

5) 연습문제
왼쪽에서 배운 내용을 연습하도록 오른 쪽에 연습문제를 두었다.

Exercise

6) 틀리기 쉬운 영작

Mistakes

한글	잘 틀리는 영작	맞는 영작
그는 나에게 책 한 권을 주었다.	He gave a book me. He gave a book I.	He gave me a book.

7) 실전… 영작을 위한 5 단계 배우기

한글을 보고 영작을 할 때 5 단계를 따르면 누구나 틀리지 않게 영작을 할 수 있도록 만든 비법이다.
실제로 영작을 할 때 반드시 사용해야 할 방법이다.

부록 (종합문제)

이 책에서 배운 "3 분 비법"을 종합적으로 연습할 수 있게 연습 문제를 영작의 5 단계 방법으로 설명하였다.

Contents

1. 문의 5 형식은 배우지 마라. ··· 3분이면 끝내! ···p.1

1.1. 문의 5 형식은 절대 배우지 마라. ··· 시간 낭비다.
영어는 단지 한가지 순서일 뿐이다. 3분이면 배워서 응용할 수 있다.

1.2. 주어, 동사, 목적어, 보어 찾기 ··· 비법으로 배우자.
1분이면 찾는 비법을 배워서 응용한다.

1.3. 단지 3분이면 배우는 영작의 기본 (기본 순서) ···한가지 순서
영작의 기본은 3분이면 배워서 쓸 수 있다.

1.4. 한글에서 영어의 동사 찾기 ··· 비법 2가지로 끝낸다···1분 완성

1.4.1. 동사 찾기
비법 2가지만 배우면 된다. ··· 1분이면 배워서 응용한다.

1.4.2. 동사에 ···s 붙이기

1.4.3. 동사에 ···ed 붙이기

2. 명사, 명사구/절 영작 비법 ··· 3분이면 끝내! ···p.17

2.1. 명사, 명사구/절의 찾기 ··· 비법 3가지만 배우면 끝 ···1분 완성!

2.2. 단지 3분이면 배우는 명사, 명사구/절의 영작

2.2.1. 명사, 명사구/절을 적는 3단계
3분이면 충분하다.

2.2.2. 명사의 영작 ··· 배울 것도 없이 간단하다.
"영어의 한 가지 순서"를 알면, 명사의 영작은 배울 것도 없을 만큼 쉽다.

VII

2.2.3. 명사구의 영작 … 비법 2 가지만 알면 된다.
비법 2 가지만 간단히 배우면 된다.

2.2.4. 명사절의 영작 … "영어의 한가지 순서"를 알면 된다.
"영어의 한 가지 순서"를 알면 바로 영작한다.

3. 형용사, 형용사구/절 영작 비법… 3분이면 끝내! …p.31

3.1. 형용사, 형용사구/절 찾기… 같은 특징을 알면, 1 분이면 배운다.
"형용사, 형용사구/절"은 같은 특징이 있다. 그래서 1 분이면 배우는 것이 끝난다!

3.2. 단지 3 분이면 배우는 형용사, 형용사구/절의 영작

3.2.1. 형용사, 형용사구/절을 적는 3 단계
3 분이면 충분하다.

3.2.2. 형용사의 영작 … 배울 필요도 없이 간단하다.
1 가지 비법을 알면 배울 필요도 없는 형용사의 영작

3.2.3. 형용사구의 영작 … 3 가지 비법이면 모든 것이 해결된다.
3 가지 비법만 간단히 배우면 응용이 가능하다. … 1 분 완성.

3.2.4. 형용사절의 영작 … "영어의 한 가지 순서"를 알면 된다.
"영어의 한 가지 순서"를 알면, 더 배울 것이 없다. … 1 분이면 응용 완료!

3.2.5. 한글의 괄호 "…ㄴ/ㄹ"은 영어로는 두 가지로 적을 수 있다.
형용사구/절의 영작을 한번에 배운다. … 3 분 완성

3.2.6. 관계사는 생략하고 쓰지 않을 수 있다.
관계사가 생략되는 것 … 1 분만에 배우기

4. 부사, 부사구/절의 영작 비법 … 3분이면 끝내! …p.51

4.1. 부사, 부사구/절 찾기 … 3 가지 비법만 알면 1 분이면 배운다.
"부사, 부사구/절 찾기"는 3 가지 간단한 특징만 배우면 끝… 1 분 완성!

4.2. 부사, 부사구/절 영작 비법 ⋯3분이면 끝내

4.2.1. 부사, 부사구/절을 적는 3단계

4.2.2. 부사의 영작 ⋯ 순서가 중요하다.
부사의 적는 순서를 한눈에 배운다.

4.2.3. 부사구의 영작 ⋯ 2가지 비법만 알면 준비 완료!
부사구의 영작은 2가지 간단한 비법만 배우면 끝난다.

4.2.4. 부사절의 영작 ⋯ "영어의 한 가지 순서"가 중요.
"영어의 한 가지 순서"를 알면, 더 배울 것이 없다. ⋯ 1분이면 응용 완료!

5. 구와 절을 적는 순서 ⋯ 단지 한 가지 순서 뿐 ⋯p.61
구와 절은 "영어의 한가지 순서"로 적는다. 그래서 3분이면 충분히 배워 응용한다.

5.1. 구와 절을 적는 순서 ⋯ "영어의 한 가지 순서"와 같다.
3분이면 배운다.

5.2. 명사구/절을 적는 순서

5.3. 형용사구/절을 적는 순서

5.4. 부사구/절을 적는 순서

6. 명사 앞의 단어들 ⋯항상 같은 순서 ⋯p.67
명사 앞에 오는 표현들은 항상 순서대로 적어야 한다.

6.1. 항상 명사 앞에서만 쓰이는 단어들
한국인들이 잘 신경 쓰지 않는 순서⋯ 그러나 순서대로만 써야 한다.

6.2. 항상 명사 앞에서 쓰이는 표현들을 적는 순서
반드시 알아야 할 순서

IX

7. 시제 ⋯ 단지 몇 초면 배운다. ⋯p.73

7.1. 과거의 표현 ("ㅆ"과 "동사 ed")

7.2. 미래의 표현 ("ㄹ거"와 "will")

7.3. 현재의 표현

7.4. 진행의 표현 ("고 있다/중이다"와 "be +동사 ing")

7.5. 현재완료
⋯골치 아픈 현재완료   ⋯ 이것 3 가지 표현만 알면 끝이다.

8. 조동사 ⋯p.81

8.1. 조동사 찾기
⋯동사 (⋯다)를 보고 조동사를 찾는다. ⋯ 1 분이면 배우기 끝!

8.2. 조동사의 영작
⋯단어 몇 개만 알면 영작은 끝이다.

9. ⋯면 (if⋯) ⋯p.89

9.1. ⋯면 (if⋯)을 찾는 법   ⋯ 3 초면 배운다.

9.2. ⋯면 (if⋯)의 영작   ⋯ 한글과 영어는 다르게 쓴다.
3 분 비법으로 배운다.

10. 수동태   ⋯"~을 당하다"의 의미   ⋯p.97

10.1. 수동태 찾기 및 적기
3 분 비법으로 간단히 처리한다.

10.2. 주의 할 수동태 적기
한국인들이 신경 쓰지 않는 수동태 같지 않은 수동태

11. 주의 할 문형 ···p.103

11.1. "···이 있다"/ "···에 있다"
두 가지 표현은 영어로 같은 표현일까? 다른 표현일까?

11.2. "나는 그를 정직하다고 믿는다."/ "나는 (그가 정직하다고) 믿는다."
두 가지 표현은 영어로 같은 표현일까? 다른 표현일까?

11.3. 주어가 두 개처럼 보이는 문

12. 질문 하기 ···p.109

12.1. 질문을 영작하는 두 가지 방법

12.2. do (does, did), be 동사를 이용한 질문 ··· 비법을 알면 바로 쓴다.

12.3. who, whom, whose, what, which, when, where, why, how 를 이용한 질문 ··· 복잡한 문형도 바로 적는 비법이 있다.

13. 실전 영작을 위한 5 단계 배우기 -영작이 한글처럼! ···p.117
누구나 영어를 한글처럼 쓸 수 있도록 5 단계의 쉬운 비법이 있다.

부록 (종합 문제)   p.123

A. 문의 한가지 순서의 연습   p.124

B. 괄호를 적는 연습··· 명사/명사구/절   p.128

C. 괄호를 적는 연습··· 형용사/형용사구/절   p.133

D. 괄호를 적는 연습··· 부사/부사구/절   p.139

E. 기타 종합 연습문제   p.144

F. 실제의 연습문제   p.146

영작의 달인이 되는 비법

영작을 잘하는 법:

한국인들이 영작을 잘하려면 단어의 배열 순서를 알아야 한다. 이 순서를 알면 왕초보도 바로 중급이 될 수 있다. 이 순서 중 우리가 어려워하는 순서는 다음 2 가지로 단지 각각 3 분이면 끝낼 수 있다.

① 영어의 기본 순서 ~ 1 가지 순서로 적는다.
　복잡한 문의 5 형식을 배우지 마라.
② 괄호 (구와 절)의 순서 ~ 1 가지 순서로 적는다

이 2 가지 비법을 알면 복잡한 구나 절이 있는 문도 누구나 생각한대로 바로 적을 수 있다. 특히 한국인들이 고급 문을 적지 못하는 큰 이유는 괄호 (구와 절)의 순서 때문이다. 그러나 이 비법을 알면 3 분이면 끝낸다.

한글로 생각한 문들을 영어로 그대로 적을 수 있다면 영작은 쉬운 일이다.

1. 문의 5 형식을 배우지 마라.

··· 비법으로 3 분이면 끝내!

- 문의 5 형식은 절대 배우지 마라. ··· 시간 낭비다.
  문의 기본 순서는 단지 1 가지 순서이다.

- 주어, 동사, 목적어, 보어 찾기 ··· 비법으로 배우자.

- 단지 3 분이면 배우는 영작의 기본

- 한글에서 영어의 동사 찾기 ··· 비법 2 가지로 끝낸다.
  ···1 분 완성

  - 동사 찾기
  - 동사에 ···s 붙이기
  - 동사에 ···ed 붙이기

1.1. 문의 5 형식은 절대 배우지 마라.… 시간 낭비다.

3분 비법 영어의 기본 순서는 한 가지 순서이다.

> 영어는 단지 한가지 순서로 쓴다. (한글의 조사 또는 정해진 표현에 해당되는 것만 선택)
> 영어의 한가지 순서: "주어 + 동사 + 목적어 + 목적어 + 보어"
>   예: (나는 +불렀다   +그를   +"구세주"라고)

문의 5 형식은 배울 필요가 없다.
왜냐하면 영어를 적는 1 가지 순서만 배우면 영작을 할 수 있기 때문이다.
문의 5 형식은 이 1 가지 순서를 복잡하게 풀어 놓은 것일 뿐이다.

한글을 영어로 쓰는 기본은 다음 3 단계이다.
1) 한글에서 주어, 동사, 목적어, 보어 찾기
2) 영어의 한가지 순서로 나열하기
3) 영어의 순서에 있는 한글을 영어 단어로 바꾸어 넣기

5 형식을 버려라.

예: "우리는 그를 회장으로 선출했다."를 영어의 한 가지 순서로 적는다면:

영어의 순서 (한 가지):
주어	+동사	+목적어	+목적어	+보어
…는	…다	에게	을/를	(으)로
우리는	선출했다		그를	회장으로
We	elected		him	chairman

한글의 순서 (한글은 여러 가지 순서로 적을 수 있다):
우리는	그를		회장으로	선출했다.
우리는	회장으로		그를	선출했다.
회장으로	우리는		그를	선출했다.

Tips

질문: "영어의 한가지 순서"에서 목적어가 두개인데 무엇이 다를까?
답: 앞의 목적어는 "에게", 뒤의 목적어는 "을/를"에 해당한다.
     영어는 "에게", "을/를"을 둘 다 목적어라고 한다. 예)나에게 과일을, 우리들에게 자유를

문법: 문의 5 형식이란?

     영어를 적는 기본 순서를 5 가지로 나누어 설명한 것이다.
     그러나, 영어는 한가지 순서로 적으면 되므로 **문의 5 형식을 배우는 것은 시간 낭비다.**

Exercise

영어의 한가지 순서로 적어 보세요.

1) 그분을 우리는 대통령으로 선출하였다.
2) 그 사람은 커피를 좋아한다.
3) 나의 개는 달리고 있다.
4) 우리는 수영한다.
5) 한국인들이 우리에게 그 기계를 주었다.
6) 한국인들은 진돗개를 용감하다고 생각한다.
7) 우리는 그 분을 "애국자"라고 부른다.
8) 그는 나를 정직하다고 믿었다.
9) 그는 "너희들은 이 모자들을 써."라고 말했다.

답:

주어	+동사	+목적어	+목적어	+보어
…는	+…다	+에게	+을/를	+다고/라고/
			다고/라고	으로/게

1) 우리는	+선출하였다		+그분을	+대통령으로
2) 그 사람은	+좋아한다		+커피를	
3) 나의 개는	+달리고 있다			
4) 우리는	+수영한다			
5) 한국인들이	+주었다	+우리에게	+그 기계를	
6) 한국인들은	+생각한다		+진돗개를	+용감하다고
7) 우리는	+부른다		+그 분을	+애국자라고
8) 그는	+믿었다		+나를	+정직하다고
9) 그는	+말했다		+"너희들은 이 모자들을 써."	라고

Mistakes

한글	영어로 틀리는 순서	영어 순서에 맞는 영작
나는 12시에 그를 만났다.	나는+12시에+만났다+그를	나는+만났다+그를+12시에
그는 우유를 나에게 주었다.	그는+주었다+우유를+나에게 He gave milk me.	그는+주었다+나에게+우유를 He gave me milk.

설명: "12시에"는 "주어, 동사, 목적어, 보어"와 상관이 없다. "~에"는 보통 문의 끝에 온다.

설명: "에게+을/를"의 순서로 쓰는 것이 영어의 한가지 기본 순서에 해당한다.
영어로 (우유를 + 나에게)는 한 가지 순서가 아니다.

그는	+주었다	+나에게	+우유를	He gave me milk. O
그는	+주었다	+우유를	+나에게	He gave milk me. X

1.2. "주어, 동사, 목적어, 보어" 찾기… 비법으로 배우자.

3분 비법 "주어, 동사, 목적어, 보어" 찾기

> 한글은 "주어, 동사, 목적어, 보어"에 정해진 표현이 있어 쉽게 찾는다.
>
> A. 주어의 표현: …은, …는, …이, …가
> B. 동사의 표현: "…(이)다"에 동사가 있다. (…다, 이다, 있다, 하다)
> C. 목적어의 표현: …에게, …을/를, …다고/라고
> D. 보어의 표현: …다고/라고, …(으)로, …게, …기타 (명사, 형용사) ✗
> 주의: be 동사 뒤는 항상 보어만 오고, 이 한글 보어에는 붙는 표현이 없어요.

붙지 않음

한글에서 "주어, 동사, 목적어, 보어"를 찾는 방법:
"주어, 동사, 목적어, 보어"에 붙는 정해진 표현을 찾으면 된다.

한글에서 정해진 표현을 찾는 예:
A. 주어: 그 분은,   그는,   그 사람이,   그가
B. 동사: 그 분이다,   귀엽다,   달린다
C. 목적어: 그 분에게
C. 목적어: 그 분을,   그를,   사과를,   (내가 그를 만났다고)
D. 보어: 사람이라고,   정직하다고, 애국자로,   사랑스럽게
    i. 기타 (선물이다… "선물"은 명사, 정직하다… "정직한"은 형용사)

예: 주어, 동사, 목적어, 보어를 찾고 영어의 한가지 순서로 적으면:

한글: 주어, 동사, 목적어, 보어의 순서가 <u>바뀌어도 된다</u>.

1) 내가   그것을   먹었다.
2) 우리가   그 동물을   잡았다.
3) 나는   그를   정직하다고   믿었다.
4) 내가   그에게   사과를   주었다.
5) 이것이   그 선물   이다.
6) 그는   정직하다

영어의 순서: 주어, 동사, 목적어, 보어의 순서가 항상 1 가지 순서이다. – <u>바뀌면 안 된다</u>.

주어	+동사	+목적어	+목적어	+보어
1) 내가	먹었다		그것을	
2) 우리가	잡았다		그 동물을	
3) 나는	믿었다		그를	정직하다고
4) 내가	주었다	그에게	사과를	
5) 이것이	be (이다)			그 선물 ✗
6) 그는	be (하다)			정직 ✗

붙지 않음

Exercise

"주어+동사+목적어+목적어+보어"의 순서로 적어 보세요.

1) Sam 은 춤추었다.
2) Mark 는 Sam 을 만났다.
3) Mark 는 Sam 을 정직하다고 믿는다.
4) Mark 는 Sam 을 "바보"라고 부른다.
5) Mark 는 Sam 에게 인형 하나를 주었다.
6) 나는 그녀에게 질문들을 물었다.

답:

주어	+동사	+목적어	+목적어	+보어
1) Sam 은	+춤추었다			
2) Mark 는	+만났다		+Sam 을	
3) Mark 는	+믿는다		+Sam 을	+정직하다고
4) Mark 는	+부른다		+Sam 을	+"바보"라고
5) Mark 는	+주었다	+Sam 에게	+인형 하나를	
6) 나는	+물었다	+그녀에게	+질문들을	

Tips

질문: 정말 영어는 한가지 순서로만 적나요?
답: 영어는 순서가 틀리면 의미 전달이 안 된다. 다만, 영어도 의문문, 감탄문, 도치문 등은 다른 순서로 영작을 하나, 이러한 순서도 한가지 순서의 단순한 변형이다.

질문: 영어의 문은 "주어, 동사, 목적어, 보어"로만 되어 있나요? 이것 외는 없나요?
답: 있지만, 문의 뼈대는 이것들 밖에 없다. 다른 것들은 뼈대에 붙는 살과 같다.

질문: 한글에서 주어, 동사… 등 뼈대에 해당하는 다른 표현은 없나요?
답: "주어, 동사, 목적어, 보어"를 나타내는 한글 표현 (주어: 은/는/이/가…)은 여기에 있는 것만 알아도 거의 영어로 적을 수 있다.

문법: 보어는 무엇인가?

설명: 보어는 의미를 "보충하는 역할"을 한다. 보어는 **명사/ 형용사**로 보어를 찾는 법은 "**…(이)다/하다**"를 붙여 의미가 통하며, 대부분 be 동사 뒤에 온다.

1) Sam 은 바보다.　　　　　　　　Sam is a fool.　　　　바보는 Sam 의 보어
2) 나는 Mark 를 영리하다고 생각한다.　I think Mark smart.
   나는 Mark 다.　 X　　　　　　　Mark 는 "나"가 <u>아니므로 Mark 는 나의 보어가 아니다</u>.
   Mark 는 영리하다.　O　　　　　 영리하다는 Mark 의 보어다.
3) 우리는 그가 한국인이라고 알고 있다. (그가 한국인이다. O … "한국인"은 "그"의 보어이다.)

1.3. 단지 3분이면 배우는 영작의 기본 (기본 순서)

영작은 한글에서 영어의 기본 순서가 되는 "주어, 동사, 목적어, 보어"를 찾고, 이것을 영어의 한가지 기본 순서로 나열하고, 이 순서에 영어 단어를 넣는 것이다.
<u>영어의 기본 순서는 1가지이므로 문의 5형식을 배우는 것은 시간 낭비다.</u>

3분 비법 영작의 기본 (기본 순서)… 1 가지 기본순서 이용하기

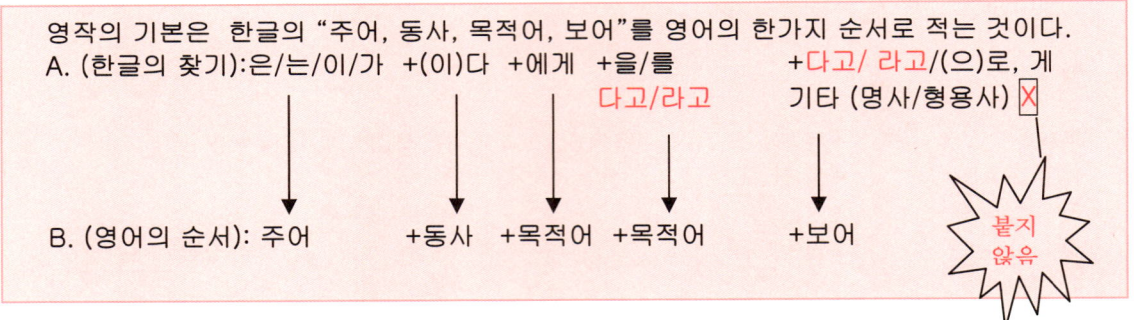

영작의 기본:
한글에서 "주어, 동사, 목적어, 목적어, 보어"를 찾는다. ➡ 영어의 1가지 순서로 적는다.

예: "주어, 동사, 목적어, 목적어, 보어"를 찾아 영어의 순서로 적는다면:
주의: 목적어 2개의 순서 (에게 +을/를)를 바꾸면 안 된다.
(한글)

1) 우리는 그녀에게   물을   주었다
2) 우리는   (그가 정직 하)다고   생각한다
3) Sam 은   귀엽다 (형용사)
4) 우리들은   잠잔다

(영어): 주어   +동사   +목적어   +목적어   +보어

1) 우리는   주었다   그녀에게   물을
   We   gave   her   water

2) 우리는   생각한다   (그가 정직 하)다고
   We   think   (that he is honest)

3) Sam 은   다   귀엽 X (형용사)
   Sam   be (is)   cute

4) 우리들은   잠잔다
   We   sleep

Exercise

한글을 영어의 한가지 순서에 맞추어 영어로 적어 보세요.

1) 나는   사과들을   좋아한다.
2) 우리는   그를   "투사"라고   부른다.
3) 우리는   그녀를   회장으로   선출했다.
4) 그는   나를   용감하다고   생각한다.
5) Mark 는   그것을   부드럽게   만든다.
6) 그녀가   그들에게   우유를   주었다.
7) 우리는   그를   정직하다고   믿었다.

답: 주어   +동사   +목적어   +목적어   +보어

1) 나는   좋아한다   사과들을
   I   like   apples

2) 우리는   부른다   그를   "투사"라고
   We   call   him   "Fighter"

3) 우리는   선출했다   그녀를   회장으로
   We   elected   her   chairwoman

4) 그는   생각한다   나를   용감하다고
   He   thinks   me   brave

5) Mark 는   만든다   그것을   부드럽게
   Mark   makes   it   soft

6) 그녀가   주었다   그들에게   우유를
   She   gave   them   milk

7) 우리는   믿었다   그를   정직하다고
   We   believed   him   honest

Mistakes

한글	잘 틀리는 영작	맞는 영작
그는 나에게 책 한 권을 주었다.	He gave a book me. He gave a book I.	He gave me a book.
커피를 주었다.	gave coffee	I gave him coffee.

설명: 한글에는 주어, 목적어, 목적어, 보어가 없어도 영어로 적을 때는 빠진 것을 찾아 적어야 한다.
예: (나는 그녀에게) 커피를 주었다. (나는) 학교에 간다.

1.4. 한글에서 영어의 동사 찾기… 비법 2 가지… 1 분 완성

1.4.1. 동사 찾기

3분 비법 한글과 영어에서 동사 찾기

> 영어의 동사는 한글의 "…(이)다"에서 찾는다.
> A. 한글의 "…(이)다"에 "ㄴ다" 또는 "~고 있다"를 붙여 의미가 통하면 **동사**이다.
> B. 한글의 "…(이)다"가 동사가 아니면 영어의 동사는 전부 **be 동사**를 쓴다.

한글에서 동사가 있는 곳:
한글의 "…다/"에 영어의 동사가 있다.
다음에서 영어의 동사는 "…다"가 있는 "사주었**다**, 일본인이**다**, 더럽**다**"에 있다.

1) 그는 나에게 한대의 컴퓨터를 <u>사주었다</u>. (사주었다 ~ 사주<mark>고 있다</mark> ~ "사주다"는 동사)
   He <u>bought</u> me a computer.

2) 그녀는 <u>일본인이다</u>. (일본인이다 ~ 일본인이고 있다 ~ 동사 아님 ~ be 동사 사용)
   She <u>is</u> Japanese.

3) 이 수건은 <u>더럽다</u>. (더럽다 ~ 더럽고 있다 ~ 동사 아님 ~ be 동사 사용)
   This towel <u>is</u> dirty.

영어의 동사를 찾는 법:
한글의 "…다"에서 영어의 동사를 찾는다.
영어의 동사는 일반동사가 아니면 be 동사를 쓴다.
영어의 동사가 "3 분 비법"의 방법으로 일반동사인지 be 동사인지를 알 수 있다.

Tips

문법: "일반동사"와 "be 동사"

> 영어의 동사는 일반동사가 아니면 be 동사 둘 중 하나이다.
>
> 일반동사: eat 먹다, drink 마시다, meet 만나다, run 달리다…
> be 동사: (am, are, is, was, were)   ☞ p.13
>
> be 동사의 해석 ~ (이)다, 하다, 있다. 되다
> 예: 그것은 작<mark>다</mark>, 그는 은행원<mark>이다</mark>. 나는 행복<mark>하다</mark>, 물고기 3 마리가 <mark>있다</mark>.
>   그는 (의사가 <mark>되기</mark>)를 원한다. He wants (to <mark>be</mark> a doctor).

Exercise

다음에서 동사가 일반동사인지 be 동사인지 구분하고, 영어로 적어 보세요.

1) 이 책은 두껍다.   thick
2) 그는 나에게 책 한 권을 주었다.   give-gave-given
3) 그녀는 나의 사촌 동생이다.   cousin
4) 나는 그에게서 100,000 원을 빌렸다.   borrow-borrowed-borrowed
5) 우리는 그녀를 회장으로 선출했다.   elect-elected-elected
6) 예술은 우리들의 일상의 생활들의 부분이다.
7) 서울의 버스들은 훌륭하다

답:

"~(이)다"에 "ㄴ다" 또는 "~고 있다"를 붙여 일반동사가 필요한지 be 동사가 필요한지 알 수 있다. ☞ p.10, 12

두껍다	– 두껀다	x	be 동사
주다	– 준다/주고 있다	o	"주다"는 동사 ~ 영어에 사용
동생이다	– 동생인다	x	"동생"은 동사 아님 ~ be 동사 사용
빌리다	– 빌린다/빌리고 있다	o	"빌리다"는 동사 ~ 영어에 사용
선출하다	– 선출한다/선출하고 있다	o	"선출하다"는 동사 ~ 영어에 사용
부분이다	– 부분인다	x	"부분"은 동사 아님 ~ be 동사 사용
훌륭하다	– 훌륭한다	x	"훌륭하다"는 동사 아님 ~ be 동사 씀

1) This book is thick.

2) He gave me a book.

3) She is my cousin.

4) I borrowed 100,000 won from him.

5) We elected her chairwoman.

6) Art is part of our everyday lives.

7) The buses in Seoul are wonderful.

A. 일반동사 찾기

3분 비법 일반 동사 찾기

> 영어의 동사는 한글의 "…(이)다"에서 찾는다.
> 한글의 "…다" 에 "ㄴ다/~고 있다 "를 붙여 의미가 통하면 **일반동사**다.

한글에서 일반동사를 찾는 법:
한글의 "…다"에 "ㄴ다" 또는 "~고 있다"를 붙여, 의미가 통하면 일반동사다.

예: "먹었다, 마시다, 좋아하다"는 일반동사다.

먹었<u>다</u>:	(먹<u>는다</u> /먹<u>고 있다</u>	"…ㄴ다"를 붙여 의미가 통한다.)
마시<u>다</u>:	(마신<u>다</u>/마시<u>고 있다</u>	"…ㄴ다"를 붙여 의미가 통한다.)
좋아하<u>다</u>:	(좋아<u>한다</u>/좋아하<u>고 있다</u>	"…ㄴ다"를 붙여 의미가 통한다.)

1) (한글)   우리<u>는</u> 치즈<u>를</u> 먹었<u>다</u> (동사).
   (영어의 순서) 우리<u>는</u> 먹었<u>다</u> 치즈<u>를</u>
   (영어)   We   ate   cheese

2) (한글)   우리<u>는</u> 우유<u>를</u> 마신<u>다</u>. (동사).
   (영어의 순서) 우리<u>는</u> 마신<u>다</u> 우유<u>를</u>
   (영어)   We   drink   milk

3) (한글)   독일인들<u>은</u>   말고기<u>를</u>   좋아한<u>다</u>. (동사).
   (영어의 순서) 독일인들<u>은</u>   좋아한<u>다</u>   말고기<u>를</u>
   (영어)   Germans   like   horsemeat

4) (한글)   옛날 사람들<u>은</u> 그것들<u>을</u> "털이 많은 별들"이라고 불렀<u>다</u>. (동사)
   (영어의 순서) 옛날 사람들<u>은</u> 불렀<u>다</u> 그것들<u>을</u>   "털이 많은 별들"이라고
   (영어)   Early people   called   them   "hairy stars."

ㄴ다
고 있다

Tips

> 질문: 자동사, 타동사, 지각동사, 사역동사 등은 동사가 아닌가요?
> 답: 동사는 여러 가지로 구분 할 수 있다.
>   자동사, 타동사, 지각동사, 사역동사 등도 동사를 같은 성질을 갖는 것끼리 분류한 것이다.
>   이 모든 동사는 "ㄴ다/~고 있다 "를 붙여 의미가 통한다.
>   자동사   달리다 ~ 달린다/달리고 있다
>   타동사   주다 ~ 준다/주고 있다
>   지각동사   보다 ~ 본다/보고 있다.
>   사역동사   시키다 ~ 시킨다/시키고 있다

Exercise

다음에서 동사를 찾고 영어로 적어 보세요.

1) 한국인들은 그들을 미워한다.　　　hate-hated-hated
2) 그녀는 그 개에게 공 하나를 주었다.　give-gave-given
3) 우리는 차 한대를 가지고 있다.　　　have-had-had
4) 그는 나에게 사과들을 보내주었다.　send-sent-sent
5) 우리는 그들에게 그 사실을 말했다.　tell-told-told

답:
다음 문에서 동사는 모두 일반동사다. (전부 "…(이)다"가 "…ㄴ 다"가 될 수 있기 때문에.)

미워하다	… 미워**한다**
주었다	… 준다
보내주었다	… 보내준다
말하다	… 말**한다**

주어	+동사	+목적어	+목적어	+보어
1) 한국인들은 Koreans	미워한다 hate		그들을 them	
2) 그녀는 She	주었다 gave	그 개에게 the dog	공 하나를 a ball	
3) 우리는 We	가지고 있다 have		차 한대를 a car	
4) 그는 He	보내주었다 sent	나에게 me	사과들을 apples	
5) 우리는 We	말했다 told	그들에게 them	그 사실을 the truth	

Tips

have 의 변화: 동사 have (가지다)는 불규칙하게 변한다.

have, has, had			
	현재		과거 전부 같다.
	단수	복수	
1인칭	I have	We have	had
2인칭	You have	You have	had
3인칭	He ha**s**, She ha**s**, It ha**s**	They have	had

"3 인칭 , 단수, 현재"이면 동사에는 ~s 가 붙는다.

B. Be 동사 찾기

3분 비법   be 동사 찾기

> 영어의 동사는 한글의 "…다"에서 찾는다.
> 일반동사가 아니면 전부 be 동사다.

한글에서 be 동사를 찾는 법:
영어는 항상 동사가 있어야 하고, 영어의 동사는 일반동사가 아닌 것은 모두 be 동사를 써야 한다. 즉 한글의 "…다"에 "ㄴ다" 또는 "~고 있다"를 붙여 의미가 <u>안 통하면</u> 항상 be 동사를 쓴다. 한글만 보아서는 be 동사를 찾는 것이 어렵다. 왜냐하면, 한글에서는 be 동사가 바로 보이지 않기 때문이다.

예:
다음 예에서 "귀엽다", "물이다", "정직하다", "작다", "Peter 다"에 "ㄴ다" 또는 "~고 있다"를 붙이면 의미가 통하지 않으므로 모두 be 동사를 써야 한다.

귀엽다	… 귀엽다 + ㄴ다/~고 있다	= 귀연다, 귀엽고 있다 X
물이다	… 물이다 + ㄴ다	= 물인다 X
정직하다	… 정직하다 + ㄴ다	= 정직한다 X
작다	… 잔다 + ㄴ다	= 잔다 X
Peter 다	… Peter 다 + ㄴ다	= 피턴다 X

1) 그 고양이는   귀엽**다**.
   The cat   **is** cute.

2) 이것이   물이**다**.
   This   **is** water.

3) 한국인들은   정직하**다**.
   Koreans   **are** honest.

4) 곤충들은   작**다**.
   Insects   **are** small.

5) 그의 진짜 이름은 Peter **다**.
   His real name   **is** Peter.

Tips

> 질문: 문에서 be 동사를 찾는 또 다른 방법은 없나요?
> 답: 한글에 "…이다"가 있으면 영어의 동사는 항상 be 동사를 쓰면 된다.
>   "…이다"가 붙으면 "~다"에 붙은 단어가 항상 명사이기 때문이다.
>   예: 그것은 멋진 선물<u>이다</u>.   It <u>is</u> a cool gift. "선물"은 명사이다.

Exercise

다음 한글에서 동사를 찾고 영어로 적어 보세요.

1) 컴퓨터는 굉장하다.   a computer, wonderful
2) 컴퓨터는 멋진 기계다.   a cool machine
3) 금은 금속이다.   gold, metal
4) 서울은 큰 도시이다.   Seoul, a big city
5) 집들이 비싸다.   house, expensive
6) 강아지들은 귀엽다.
7) 이것은 치즈다.
8) 나는 과일을 싫어한다.
9) 고양이는 독립성이 있는 애완 동물의 종류들 중의 하나다. 독립성이 있는 independent

답:
"~다"에 "ㄴ다" 또는 "~고 있다"를 붙여 의미가 통하지 않으면 be 동사이다.
굉장하다… 굉장한다, 기계다… 기겐다, 금속이다… 금속인다, 도시이다… 도시인다,
비싸다… 비싼다, "치즈다"… "치즌다", "과일이다" … "과일인다", 하나다"…"한난다"로
하면 의미가 통하지 않아 모두 be 동사를 쓴다.
그러나, 8)의 "싫어하다"는 "ㄴ다"를 붙여 "싫어한다"가 되어서 그대로 영어의 동사이다.

1) A computer is wonderful.
2) A computer is a cool machine.
3) Gold is metal.
4) Seoul is a big city.
5) Houses are expensive.
6) Puppies are cute.
7) This is cheese.
8) I hate fruit.
9) A cat is one of the independent kinds of pets.

Tips

문법: be 동사란? be 동사 (…다, 이다, 하다, 있다)는 아래와 같이 불규칙하게 변화한다.

	be동사 (am, are, is, was, were)의 예			
	한 사람/ 하나 (단수)		두 사람 이상 (복수)	
	현재	과거	현재	과거
1인칭(나,우리들)	I am	I was	We are	We were
2인칭(너,너희들)	You are	You were	You are	You were
3인칭 (1인칭과 2인칭 외)	He is She is It is Sam is	He was She was It was Sam was	They are Koreans are	They were Koreans were

1.4.2. 동사에 …s 붙이기

3분 비법 동사에 …s 붙이기

영어는 다음 세 조건이 모두 충족되어야, 동사에 …s 를 붙인다.
A. 주어가 하나일 것 ("~들"이 붙어 있지 않다. 그 사람, 그 분, 그것, 그 녀석)
B. 3 인칭일 것: (1 인칭: 나, 우리 2 인칭: 너, 너희들 3 인칭: 1, 2 인칭 아닌 모든 명사)
C. 동사가 현재일 것

동사에 s 를 붙이는 법:
다음 3 조건이 다 충족되어야 … (e)s 를 붙인다.

A. 주어가 하나 :   a cat, an apple, he, she, it 등
B. 3 인칭: he, she, it, Korean, apple 등
C. 동사가 현재 (ㄴ다/ 이다) : 만든다, 좋아한다, 잡는다, 귀엽다, 대학생이다 등

예:
1) 그는 치즈를 좋아한다.   He likes cheese.
2) 그녀는 간호원이 되기를 원한다.   She wants to be a nurse.

"그, 그녀"는 한 사람이고, 3 인칭이며, "좋아한다, 원한다"는 현재다.
그래서 동사에 …s 를 붙였다.

1.4.3. 동사에 …ed 붙이기

3분 비법 동사에 …ed 붙이기

한글의 과거시제는 (…ㅆ다)이고, 영어의 과거시제는 동사에 …ed 를 붙인다.

동사에 ..ed 를 붙이는 법:
한글의 과거동사는 "…ㅆ다"이다.   걸었다   일했다
영어의 과거동사는 …ed 를 붙인다.   walked   worked

주의: 영어의 과거동사는 …ed 가 붙지 않고 불규칙하게 변하는 것들이 있다
불규칙하게 변하는 동사의 예:
1) 먹다 eat   먹었다 ate
2) 마시다 drink   마셨다 drank
3) 때리다 hit   때렸다 hit

Exercise

동사에 …s, … ed 가 붙는 문들을 영작 해 보세요.

1) 그는 영어를 가르친다.
2) 그는 나에게 영어를 가르친다.
3) 나의 상관은 나를 "manager"로 임명했다. appoint-appointed-appointed
4) 그의 친구들은 그것을 "한 개의 손"이라고 부른다. call-called-called
5) 그는 그의 아들을 "Su"라고 이름 지었다. name-named-named
6) Mark 는 정치가이다. a politician
7) 그녀는 걷는다.
8) 그들은 소고기를 샀다. beef, buy-bought-bought
9) 그는 그 책을 가지고 있다. have (has)-had-had

답:

	주어	+동사	+목적어	+목적어	+보어	기타
1)	He	teaches		English.		
2)	He	teaches	me	English.		
3)	My boss	appointed		me	"a manager."	
4)	His friends	call		it	"a hand".	
5)	He	named		his son	"Su."	
6)	Mark	is			a politician.	
7)	She	walks.				
8)	They	bought		beef.		
9)	He	has		the book.		

Tips

문법: 동사의 "원형"과 "현재"의 차이

동사의 원래의 형(원형)	현재동사
걷다 walk	걷는다 walk, walk**s**
일하다 work	일한다 work, work**s**
be 동사 be	(이)다, 하다, 있다 am, are, is

문법: 현재, 과거, 과거분사, 현재분사

영어의 동사는 대부분이 "과거 시제"와 "과거 분사"형이 똑 같이 "동사 ed"로 쓴다. 그러나, 불규칙하게 변하는 동사들도 있다.

	현재 동사	과거	과거분사	현재분사
규칙변화	work, work**s**	work**ed**	work**ed**	work**ing**
불규칙 변화	eat, eat**s**	ate	eaten	eat**ing**

영작의 달인이 되는 비법

괄호 (명사구/절)을 적는 순서도 단지 1 가지 순서이다.
~ 3 분 완성

한글에서 괄호 (구나 절)는 정해진 표현이 붙는다.
영어에서도 괄호 (구나 절)는 정해진 표현이 붙는다.

이 1 가지 순서와 정해진 표현만 알면 누구나 바로 고급 문도 영작할 수 있다. ~ 각각 3 분 완성.

2. 명사, 명사구/절 영작 비법
…3 분이면 끝내

- 명사, 명사구/절 찾기
- 단지 3 분이면 배우는 명사, 명사구/절 영작
    - 명사, 명사구/절을 적는 3 단계
    - 명사의 영작　… 배울 것도 없이 간단하다.
    - 명사구의 영작 … 비법 2 가지만 알면 된다.
    - 명사절의 영작 … "한 가지 순서"가 중요

2.1. 명사, 명사구/절 찾기… 비법 3 가지 … 1 분 완성!

3분 비법 한글에서 명사, 명사구/절을 찾는 법

> 명사를 찾는 법:　　"을/를"이 붙을 수 있는 **단어**는 모두 명사이다.
> 명사구/절을 찾는 법: "**것/가/지/다고/라고**"가 붙은 표현은 명사구/절이다.

명사를 찾는 법:
한글에서 "을/를"이 붙을 수 있는 것은 명사다.
1) (하마를, 물을, Sam 을, 우리들을):　　"하마, 물, Sam, 우리들"은 "을/를"이 붙을 수 있어서 명사이다.
2) (귀엽다, 잠잔다, 위에…):　　"을/를"이 붙을 수 없어 명사가 아니다.

명사구를 찾는 법:
괄호에 "것/가/지/다고/라고"가 있으나 **주어가 없다**.
1) (운동하는 것)
2) (잠자는 것)
3) (과일을 먹는다고)
4) (그에게 영어를 가르치는 것)

명사절을 찾는 법:
괄호에 "것/가/지/다고/라고"가 있고 **주어가 있다**.
1) (내가 매일 운동을 하는 것)
2) (사람들이 운동을 한다고)
3) (한국인들이 정직하다는 것)
4) (일본인들이 말고기를 먹는다는 것)
5) (그가 내 지갑을 훔친 것)
6) (그가 내 지갑을 훔쳤다고)
　　　★ 괄호 내에 wh~가 있는 경우 (누가, 누구에게, 언제, 왜 등) ☞ p.28
7) (누가 그 음식을 먹었는지)
8) (네가 누구에게 그 우유를 주었는가)
9) (내가 언제 그 e-mail 을 보냈는지)
10) (동물들이 왜 물을 마시는 가) = (동물들이 왜 물을 마시는 지)

을/를

것가지 다고/라고

Tips

> 질문: 명사를 찾는 법은 "을/를"을 붙여 보는 방법 말고 다른 방법은 없나요?
> 답: "은/는/이/가", "에게", "이다"가 붙을 수 있는 것도 명사다.
>
> 질문: 한글에서 "명사구/절"이 되는 것은 "것/가/지/라고" 밖에 없나요?
> 답: "것/가/지/라고" 외에도 "~기, ㅁ"을 사용할 수 있다. (먹기, 먹음)
> 　　 예를 들면,　　먹는 것= 먹기= 먹음 … eating, to eat
> 　　 TV 를 보는 것= TV 를 보기= TV 를 봄 … watching TV, to watch TV

Exercise

다음에서 괄호에 들어 갈 명사구/절을 찾아 괄호를 하고 괄호를 영작 해 보세요.

1) 나는 잠자는 것을 좋아한다.
2) 우리는 그가 내 지갑을 훔친 것을 알고 있다.
3) 네가 누구에게 그 우유를 주었는지가 내가 알고 싶은 것이다.
4) 나는 네가 어제 무엇을 먹었는지를 알지 못한다.
5) 미국인들은 모든 한국인들이 김치를 먹는다고 생각한다.

답:
구/절에 따라 영작을 달리 한다. ☞ p.22, 24
that/ what…의 차이에 주의한다.

1) 나는 (잠자는 것)을 좋아한다.
   (sleeping)
   (to sleep)

2) 우리는 (그가 내 지갑을 훔친 것)을 알고 있다.
   (that he stole my purse)

3) (네가 <u>누구</u>에게 그 우유를 주었는지)가 내가 알고 싶은 것이다.
   (to whom you gave the milk)

4) 나는 (네가 어제 <u>무엇</u>을 먹었는지)를 알지 못한다.
   (what you ate yesterday)

5) 미국인들은 (모든 한국인들이 김치를 먹는다고) 생각한다.
   (that all Koreans eat gimchi)

Mistakes

한글	잘 틀리는 영작	맞는 영작
나는 (잠자는 것)을 좋아한다.	I like **sleep**.	I like (**sleep**ing). I like (**to** sleep).
나는 (그녀를 만나는 것)을 원한다.	I want meet her.	I want (**to** meet her).
우리는 (그가 내 지갑을 훔친 **것**)을 알고 있다.	We know he stealing my purse. We know he to steal my purse.	We know (**that** he stole my purse).

설명: "…것"이 있는 한글 표현은 한글을 영어 단어 그대로 적으면 안 된다.
"잠자는 것"은 영어로 "sleep"이 아니다.

2.2. 단지 3 분이면 배우는 명사, 명사구/절의 영작

2.2.1. 명사, 명사구/절을 적는 3 단계

Step 1: 한글에서 명사, 명사구/절을 찾는다.
Step 2: 명사구/절만을 괄호로 한다. 구와 절을 구분하여 영작한다.
Step 3: 명사는 영어 단어를 그대로 적고, 괄호인 구와 절은 별도의 방법으로 쓴다.

2.2.2. 명사의 영작 … 배울 것도 없이 간단하다.

3분 비법 명사의 영작

한글의 명사를 영어로 적기: 한글의 명사는 영어의 단어를 변화시키지 않고 그대로 쓴다.

명사를 찾는 법: 한글에서 "을/를"이 붙을 수 있는 것이 명사다.
예: "물"이나 "Sam"은 "물을", "Sam 을"로 "을/를"을 붙일 수 있어서 명사이다.

명사를 영작하는 방법: 영어의 명사를 변화시키지 않고 그대로 적는다.

1) 하마들은 물을 좋아한다.
   Hippos like water.
   "하마(hippo), 물(water)"은 명사이므로 hippo, water 는 영어 단어를 그대로 쓴다.

2) Sam 은 우리들에게 영어를 가르친다.
   Sam teaches us English.
   "Sam, 우리들"은 명사로 영어 단어를 그대로 쓴다.

Tips

질문: 대명사, 의문대명사, 보통명사, 고유명사 등도 명사일까?
답: 다 같은 명사이다. 문에서 명사는 똑같이 주어, 목적어, 보어와 같은 역할을 한다.

문법: 명사의 문에서의 역할
명사는 주어 (우리는), 목적어 (우리에게, 그것을, 딸기를), 보어 (국회의원)가 될 수 있다.
주어: 우리는 매일 달린다.
목적어: 그는 우리에게 그것을 사 주었다.
목적어: 그는 딸기를 먹었다.
보어: Sam 은 국회 의원이다.

Exercise

명사에 유의하여 영작 해 보세요.

1) 우리는 피아노를 연주했다.　　　　　play the piano, play-played-played
2) Jane 은 TV 를 보았다.　　　　　　　watch TV, watch-watched-watched
3) 그는 어제 나에게 e-mail 하나를 보냈다. send-sent-sent
4) 그는 어제 우리 회사를 방문하였다.　visit-visited-visited
5) 이 컴퓨터 게임은 재미있다.　　　　　fun

답:
명사는 한글의 단어를 그대로 적는다.
1) We played the piano.
2) Jane watched TV.
3) He sent me an e-mail yesterday.
4) He visited our company yesterday.
5) This computer game is fun.

Mistakes

한글	틀린 영작	맞는 영작	맞는 영작
그는	the he	he	
그 남자는	the he	he	the man
그녀는	the she	she	the woman
그 여자는	the she	she	the woman
그 사람들은	he	they	The people
그 남자들은	he	they	The men
그 여자들은	she	they	The women
그것들은	its	they	
나는 그것들을 좋아한다.	I like its.	I like them.	

Tips
문법: 영어의 인칭 대명사의 변화

하나 (단수)					둘 이상 (복수)				
	은,는,이,가,(이)다	의	을,를,에게	--것		은,는,이,가,(이)다	의	을,를,에게	--것
나	I	my	me	mine	우리(들)	we	our	us	ours
너	you	your	you	yours	너희들	you	your	you	yours
그	he	his	him	his	그들 그것들	they	their	them	theirs
그녀	she	her	her	hers					
그것	it	its	it						

2.2.3. 명사구 영작… 비법 2 가지만 알면 된다.

3분 비법 명사구를 영작하는 법

한글의 명사구 (…것)는 영어로 **동사 ing/ to 동사**로 적는다.

명사구를 찾는 법:
괄호 안에 "…것"이 있으나 주어가 없다.
아래의 예에서 '잠자는 **것**'은 괄호 안에 "…것"이 있고 주어가 없다.
1) 나는 (잠자는 **것**)을 좋아한다.
2) 사자들은 (잠자는 **것**)을 즐긴다.

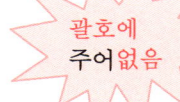
괄호에 주어없음

명사구를 영작하는 법:
명사구인 괄호(…것)는 "**동사 ing/to 동사**"로 영작한다.
1) 나는 (잠자는 **것**)을 좋아한다.　　I like (sleep**ing**/**to** sleep).
2) 사자들은 (잠자는 **것**)을 즐긴다.　　Lions enjoy (sleep**ing**).

명사구를 적는 순서:
괄호는 (주어+동사+목적어+목적어+보어)로 쓴다.
괄호 내에 주어가 없으면 동사부터 적는다. (　　동사+목적어+목적어+보어)

1) (서울을 방문하는 것)　　　　= (**to** visit Seoul)
　　　　　　　　　　　　　　= (**to** +동사 +목적어)

2) (그를 정직하다고 믿는 것)　　= (believ**ing** him honest)
　　　　　　　　　　　　　　= (동사 +목적어 +보어)

예: 아래는 '…것'이 있고, 주어가 없어, "동사 ing/to 동사"로 적는다.
1) (웃는 **것**):　　　　　　　　　(laugh**ing**)
　　　　　　　　　　　　　　　　(**to** laugh)

2) (과일을 먹는 **것**):　　　　　　(eat**ing** fruit)
　　　　　　　　　　　　　　　　(**to** eat fruit)

3) (야생 돼지들을 사냥하는 **것**):　(hunt**ing** wild pigs)
　　　　　　　　　　　　　　　　(**to** hunt wild pigs)

4) (그에게 한대의 카메라를 주는 **것**):　(giv**ing** him a camera)
　　　　　　　　　　　　　　　　(**to** give him a camera)

5) (Sam 을 만나는 **것**):　　　　　(meet**ing** Sam)
　　　　　　　　　　　　　　　　(**to** meet Sam)

Exercise

다음 한글을 보고 명사구를 찾아 괄호를 하고 영작 해 보세요.

1) 나는 Sam 을 만나기를 바란다. meet, 만나기 = 만나는 것
2) 나의 취미는 야생 돼지들을 사냥하는 것이다. hobby, wild pig, hunt
3) 나는 축구를 하는 것을 좋아한다.
4) 나는 컴퓨터 게임 하나를 사는 것을 결정했다. buy, decide-decided-decided
5) 과일을 먹는 것은 좋은 습관이다. fruit, habit
6) 우리는 그를 대통령으로 선출하기를 희망한다. hope-hoped-hoped

답:
1) 나는 (Sam 을 만나기)를 바란다.   hope 뒤는 to 동사만 온다. (동사 ing X)
   I hope (to meet Sam).

2) 나의 취미는 (야생 돼지들을 사냥하는 것)이다.
   My hobby is (hunting wild pigs)/(to hunt wild pigs).

3) 나는 (축구를 하는 것)을 좋아한다.
   I like (playing soccer/to play soccer).

4) 나는 (컴퓨터 게임 하나를 사는 것)을 결정했다.
   I decided (to buy a computer game).   decide 뒤는 to 동사만 온다. (동사 ing X)

5) (과일을 먹는 것)은 좋은 습관이다.   문의 처음은 to 동사 보다는 동사 ing 로 한다.
   (Eating fruit) is a good habit.

6) 우리는 (그를 대통령으로 선출하기)를 희망한다.
   We hope (**to** elect him president).

Mistakes

한글	잘 틀리는 영작	맞는 영작
먹기를 원한다 (=먹는 것을 원한다)	want eat	want (to eat)
(공부하기 위해)	studying, study	(to study)
(빵을 먹는 것)	bread eating	(eating bread)
	eat bread	(to eat bread)

Tips

문법: 동명사와 부정사
　　동사 ing (명사구 ~ …것)는 **동명사**, to 동사는 **부정사**라고 한다.

2.2.4. 명사절 영작… "영어의 한 가지 순서"를 알면 된다.

3분 비법 명사절을 영작하는 법

> 명사절 (주어 +…것)은 두 가지로 구분하여 적는다.
> A. (주어 + …것)은 that 을 사용하여 적는다.
> B. (주어 + <u>무엇/누구/어떤 것</u> …지)는 wh~ (what/who…/which…)를 쓴다.

명사절을 찾는 법:
괄호 안에 "것/가/지/다고"가 있고, 주어가 있으면 명사절이다.
(비교: 명사구는 한글의 괄호에 "것"이 있으나 주어가 없다.)

괄호에 주어있음

1) (우리가 그들을 사랑하는 것)   (that we love them)
2) (우리가 <u>누구</u>를 사랑하는<u>가</u>)   (whom we love)

명사절의 영작 법:
"that" 또는
wh~ (what, who, whom, whose, which, when where, why, how)중 하나를 사용한다.

한글: (주어 …+"것/가/지/다고")
영어: (that+ 주어+동사+목적어+목적어+보어)
　　　(what/who…+ 주어+동사+목적어+목적어+보어)

1) (내가 이 강아지에게 우유를 매일 주는 것)
   = (that   I   give   this puppy   milk   every day)
   = (that   주어 +동사 +목적어   +목적어…)

2) (내가 매일 <u>무엇</u>을 먹는<u>지</u>)
   = (what I eat every day)
   = (what 주어+동사)

명사절을 적는 순서: 괄호만 별도로 한가지 순서다. (주어+동사 +목적어 +목적어 +보어)
(한글의 순서): (주어 + … "것/가/지/다고")   (그들이 웃는<u>것</u>)

(영어의 순서): (that   +주어 + 동사 +…)   (that they laugh)
　　　　　　　　　　　　　　　　　　　　　　=(that 주어+동사…)

(한글의 순서): (주어 + … "것/가/지/다고")   (우리들이 <u>무엇</u>을 사냥하는<u>지</u>)

(영어의 순서): (what …   +주어 +동사+…)   (what we hunt)
　　　　　　　　　　　　　　　　　　　　　　=(what 주어+동사…)

Exercise

명사절을 찾아 괄호를 하고 괄호 (명사절)를 영작 해 보세요.

1) Patricia 는 그녀가 내년에 미국에 갈 거라고 말한다.　　　say-said
2) Columbus 는 지구가 둥글다는 것을 발견했다.　　　　　　discover-discovered
3) 한국인들은 한국 경제가 내년에 좋을 거라고 예상한다.　　predict-predicted
4) 그 경찰은 그 사람이 나의 돈을 훔친 것을 알아냈다.　　　find-found
5) 우리는 그가 바보스럽다고 생각한다.　　　　　　　　　　think-thought

답: 명사절은 that 가 아니면 wh~ (what…)을 사용하여 영작한다.
언제 "that, what…"을 사용하는지를 알아야 영작 할 수 있다. ☞ p.24

1) Patricia 는 (그녀가 내년에 미국에 갈 거**라고**) 말한다.　(…라고)= 목적어
   (that she will go to America next year)

2) Columbus 는 (지구가 둥글다는 **것**)을 발견했다.
   (that the earth is round)

3) 한국인들은 (한국 경제가 내년에 좋을 거**라고**) 예상한다.　(…라고)= 목적어
   (that Korean economy will be good next year)

4) 그 경찰은 (그 사람이 나의 돈을 훔친 **것**)을 알아냈다.
   (that he had stolen my money)

5) 우리는 (그가 바보스럽**다고**) 생각한다.　　　　　　(…다고)= 목적어
   (that he is foolish)

Mistakes

한글	잘 틀리는 영작	맞는 영작
*우리는 (그가 울고 있는 것)을 보았다. 진행 우리는 (그가 운 것)을 보았다. 완료 나는 (그가 외롭다는 것)을 알았다.	We saw he cry. We saw he cried.	We saw him crying. We saw him cried. I saw (that he was lonely).
나는 (네가 무엇을 하는지)를 안다	I know you do what.	I know (what you do).
우리는 영어를 공부한다 (영어를 공부하는 것) (우리가 영어를 공부하는 것)	We English study English study We English study we to study English	We study English. (to study English) (studying English) (that we study English)
그는 과일을 좋아한다. (그가 과일을 좋아한다고) (그가 왜 과일을 좋아하는지)	He fruit like He likes fruit. He why like fruit.	He likes fruit. (that he likes fruit) (why he likes fruit)

설명: "주어 +…것/가/지/라고"는 괄호에서 that/wh~ (what…)로 시작한다.

★ see 가 "보다"이면 (주+ see+목+동 ing/동 ed)로 쓰이나 "알다/자각하다"이면 (that …)가 가능함.

A. that 으로 영작하는 법:

3분 비법　　that 명사절의 영작

> 명사절 (주어 +… 것, 다고/라고)
> (주어 + … 것, 다고/라고)는 that 을 사용하여 적는다.

that 을 사용한 영작 법:
괄호에 주어와 "것/가/지/다고"이 있으면, that 을 사용한다.

1) (그들이 웃는 것, 다고/라고):　　　　　(that they laugh)
   (주어………+ 것)　　　　　　　　　　= (that 주어 + 동사)
   비교: (웃는 것):　　　　　　　　　　　laughing / to laugh

2) (우리들이 야생 돼지들을 사냥하는 것, 다고/라고)
   (**that** we hunt wild pigs)

3) (그가 과일을 먹는 것, 다고/라고)
   (**that** he eats fruit)

비교:
1) 한국인들은 김치를 먹는다.
   Koreans eat gimchi.

2) (한국인들이 김치를 먹는 것, 다고/라고)
   (that Koreans eat gimchi)

Tips

> 문법: 명사, 명사구, 명사절의 차이
>
> 　명사:　　한 단어 … (사랑 love, 물 water, 대통령 president 등)
>
> 　명사구:　두 단어 이상이 모여 한 개의 명사처럼 사용된다.
> 　　　　　괄호에 주어가 없다.
> 　　　　　예: (잠자는 것), (걷는 것)
>
> 　명사절:　두 단어 이상이 모여 한 개의 명사처럼 사용된다.
> 　　　　　괄호에 주어가 있다.
> 　　　　　예: (내가 잠자는 것), (그가 매일 걷는 것)

Exercise

명사절을 찾아 괄호를 하고 영작 해 보세요.

1) 우리는 그들이 웃는 것을 보았다.　　　laugh-laughed-laughed
2) 나는 네가 정직하다고 믿는다.　　　　honest, believe
3) 우리는 그가 선생님이라고 생각한다.　think-thought-thought
4) 그는 내가 의사라고 믿었다.　　　　　believe-believed-believed
5) 그는 지구가 둥글다는 것을 발견하였다.discover-discovered-discovered
6) 우리는 우리가 그 수업을 즐겼었다고 말했다. 수업 lesson, 즐겼었다 had enjoyed

답:
괄호에 "것/가/지/라고"와 주어가 있으면 괄호는 that/what…로 시작한다.
괄호 내의 순서는 "that/what…+주어+동사+목적어+목적어+보어"이다.

1) 우리는 (그들이 웃는 것)을 보았다.
   We saw (**that** they were laughing).

2) 나는 (네가 정직하**다고**) 믿는다.　　　　　　　　　　　(…다고/라고)= 목적어
   I believe (**that** you are honest).

3) 우리는 (그가 선생님이**라고**) 생각한다.　　　　　　　　(…다고/라고)= 목적어
   We think (**that** he is a teacher).

4) 그는 (내가 의사**라고**) 믿었다.　　　　　　　　　　　　(…다고/라고)= 목적어
   He believed (**that** I was a doctor).

5) 그는 (지구가 둥글다는 **것**)을 발견하였다.
   He discovered (**that** the earth is round).

6) 우리는 (우리가 그 수업을 즐겼었**다고**) 말했다.　　　　(…다고/라고)=목적어
   We said (**that** we had enjoyed the lesson).

Mistakes

한글	잘 틀리는 영작	맞는 영작
(그들이 웃는 것)	(they are laughing)	(**that** they are laughing)
(네가 정직하다고)	(you honest)	(**that** you are honest)
(그가 선생님이라고)	(he teacher)	(**that** he is a teacher)

설명: (…다고/라고)에 유의

B. what, who, whom, whose, which, when…로 영작

3분 비법   what… 명사절의 영작

(주어 + 무엇/누구/어떤 것… 지)는 "what/who…/which… + 1 가지 순서"로 적는다.

what, who, whom, whose … how 를 사용한 영작 법:
괄호에 "것/가/지/다고"가 있고, 주어가 있으면, that 을 쓰면 되나,
괄호에 "무엇, 누가 (누구에게, 누구를), 어떤, 언제, 어디에서, 왜, 어떻게"가 있으면,
that 대신 "what, who, whom, whose ……how"를 쓴다.

1) what… how 를 쓰는 경우: (주어 + 무엇…어떻게+ "것/가/지/다고")
2) that 을 쓰는 경우: (주어 + …+ "것/가/지/다고")

예: 괄호에 "주어 +무엇/누가/언제…+ 지"이면 what, who, when…을 쓴다.

1) (우리들이 무엇을 사냥하는지):   (what we hunt)

2) (누가 웃는지):   (who laughs)

3) (누가 과일을 먹는가):   (who eats fruit)

4) (우주인들이 무엇을 먹는지):   (what astronauts eat)

5) (우리가 언제 그를 만났는지):   (when we met him)

6) (누가 김치를 먹는지):   (who eats gimchi)

7) 비교: 누가 김치를 먹니?:   Who eats gimchi?

wh~ + 가/지

Tips   문법: wh~: who(whose, whom), what, which, when, where, why, how

who, whom, whose		what		which		when, where…	
who whom whose whose	누가 누구에게/를 누구의 누구의 것	what what	무엇 무슨	which which	어떤 것 어떤	when where why how	언제 어디에 왜 어떻게 얼마나

"~것"이 있으면 명사: whose (누구의 것), which (어떤 것)"
~ㄴ/의"가 있으면 형용사: whose (누구의), what (무슨), which (어떤)
형용사 뒤는 항상 명사가 와야 한다.   누구의 whose book, 무슨 what book, 어떤 which book

Exercise

명사, 명사구/절에 유의하여 영작 해 보세요.

1) 나는 누가 웃는지를 알고 있다.　　　　　　　know-knew-known
2) 우리는 그가 무엇을 마셨는지를 알지 못한다.　drink-drank-drunk/drunken
3) 나는 그가 왜 그것을 만들었는지를 알지 못한다. make-made-made
4) 중요한 문제는 그가 무슨 과일을 먹었는지를 아는 것이다.
　　　　　　　　　　　　　　　　　　중요한 문제 the important matter
5) 나의 동생은 영리하다.　　　　　　　　　　　smart
6) 그는 그가 영리하다는 것을 알았다.　　　　　know-knew-known

7) 특수한 토픽들을 다루는 많은 특별한 사전들이 있습니다.
   비교: that 이 " ~ㄴ/ㄹ"의 의미 ☞ p.40

답:
괄호에 "무엇, 누가…"가 있으면 that 대신 what, who…를 쓴다.

1) 나는 (<u>누가</u> 웃는**지**)를 알고 있다.
   I know (**wh**o laughs).

2) 우리는 (그가 <u>무엇</u>을 마셨는**지**)를 알지 못한다.
   We do not know (**wh**at he drank).

3) 나는 (그가 <u>왜</u> 그것을 만들었는**지**)를 알지 못한다.
   I do not know (**wh**y he made it).

4) 중요한 문제는 ((그가 <u>무슨</u> 과일을 먹었는**지**)를 아는 것)이다.
   The important matter is (to know (**wh**at fruit he ate)).

5) 나의 동생은 영리하다.
   My brother is smart.
   My sister is smart.

6) 그는 (그가 영리하다는 **것**)을 알았다.
   He knew (**that** he was smart).

7) (특수한 토픽들을 다루**는**) 많은 특별한 사전들이 있습니다.
   There are many special dictionaries (**that** deal with specific topics).
   that 이 " ~ㄴ/ㄹ"의 의미 ☞ p.40

영작의 달인이 되는 비법

<u>1. 괄호 (형용사구/절) 안의 순서</u> ~ 1 가지 순서, ~ 3 분 완성
한글의 형용사/형용사구/절은 항상 "ㄴ/ㄹ/의"가 있다.
영어도 형용사구/절은 정해진 표시가 있다. ~ 각각 3 분이면 끝내.

<u>2. 문에서 괄호 (형용사구/절)의 위치</u>: 형용사, 형용사구/절은 명사와 꼭 붙여서 쓴다.

영어는 명사를 수식하는 형용사, 형용사구/절은 명사의 앞/뒤에 옴.
① 거의 모든 **형용사**는 **명사 앞.**
예쁜 아이들 pretty children,   작은 집들 little houses,

② ~ing/~ed 가 있어도 **형용사**(사전에 형용사로 나오면)는 **명사 앞.**
사전의 형용사: 방문하는 visiting, 떨어지는 falling, 지루한
boring, bored, 재미있는 interesting, 흥미를 가진 interested
방문하는 여행자들 visiting travelers   p.38, 45
떨어지는 나무 잎들 falling leaves   p.38, 45
- 동사 ing/동사 ed 가 동사로 쓰이면 (즉 동사로서 동사 ing, 동사 ed 가 되면) ③의 예처럼 **명사 뒤.**
(한국을 방문하는) 여행자들 travelers (visiting Korea) p.38, 45
주의: visiting, falling 같은 단어는 2 가지로 쓰여서 혼동된다.

③ **쉬운 방법:** 괄호에 주어/목적/보어가 있으면 괄호는 항상 **명사 뒤.**
예: 괄호에 주어 있음: (내가 만난) 사람들 people (whom I met)
예: 괄호에 목적어 있음: (나를 좋아하는) 그 개
the dog (that loves me) = the dog (loving me)
예: 괄호에 보어 있음: (의사인) 나의 아빠
my dad (who is a doctor) = my dad (being a doctor)

3. 형용사, 형용사구/절 영작 비법
…3 분이면 끝내

- 형용사, 형용사구/절 찾기… 특징을 알면, 1 분이면 배운다.

- 단지 3 분이면 배우는 형용사, 형용사구/절의 영작

    - 형용사, 형용사구/절을 적는 3 단계
    - 형용사의 영작   … 배울 필요도 없이 간단하다.
    - 형용사구의 영작   … 3 가지 비법이면 해결된다.
    - 형용사절의 영작   … "한 가지 순서"가 중요하다.
    - 한글의 괄호(…ㄴ/ㄹ/의)를 적는 법
      …1 개의 한글 표현을 영어로는 두 가지 이상으로 표현 가능.
    - 관계사는 생략하고 쓰지 않을 수 있다.

3.1. 형용사, 형용사구/절 찾기… 특징을 알면, 1 분이면 배운다.

3분 비법 한글에서 형용사, 형용사구/절을 찾는 법

> 한글에서 형용사, 형용사구/절은 "…ㄴ/ㄹ/의" 중 1 개로 끝난다.
> 이 형용사, 형용사구/절은 반드시 명사와 붙어 있어야 한다. (명사의 바로 앞 또는 바로 뒤)

형용사, 형용사구/절을 찾는 법:
한글에서 "…ㄴ/ㄹ/의"로 끝나는 것은 형용사, 형용사구/절 중 하나이다.
<u>형용사구/절만 괄호로 한다. 괄호는 괄호 전체가 하나의 단어 (형용사)와 같은 역할을 한다.</u>

형용사 찾기: "ㄴ"으로 끝나는 단어. ☞ p.32 box 참조
1) <u>귀여운</u> 아이들
2) <u>심각한</u> 표정

ㄴ/ㄹ/의

형용사구/절 영작: 3 가지 중 하나로 영작한다. ☞ p.40
괄호에 "동사 +ㄴ/ㄹ"은 <u>모두</u> 관계사 (who, whose…)로 영작 할 수 있다.
괄호에 주어가 없으면 "동사 ing /동사 ed /to 동사"로 주어가 있으면 관계사로 영작한다.
다만 "의"는 소유격 (예: 나<u>의</u> mine, 너<u>의</u> your, children's behavior 아이들<u>의</u> 행동) 또는
전치사 of 를 써서 영작한다. (사랑<u>의</u>) 힘 power (of love), (자연<u>의</u>) 부름 call (of nature)

1) (잠자는) 아이들   (sleeping), (who are sleeping)
2) (도망가는) 학생들   (escaping), (who are escaping)
3) (살) 책들   books (to buy)
4) (선물을 사기 **위한**) 돈   money (to buy presents)
5) (나에게 선물들을 준) 그 남자 the man (who gave me presents)
6) (내가 만날) 그 아이   the kid (whom I will meet)   ~ 괄호에 주어 있음
7) (우리가 공부하는) 과목들   subjects (that we study)   ~ 괄호에 주어 있음

Tips

요점: "…ㄴ/ㄹ"을 영작할 때, 형용사와 동사를 반드시 구분 해야 하는 이유.
답: 한글에서는 형용사나 동사가 똑 같이 "ㄴ"으로 끝나도 영어는 다르게 적는다.
       "형용사+ㄴ"은 형용사를 그대로 영어로 쓴다.   추운 날씨= **cold** weather
       "동사+ㄴ/ㄹ"은 '동사 ing/ 동사 ed/ to 동사/ 관계사' 중 하나로 영작한다.

질문: 형용사와 동사를 구분하는 쉬운 방법이 있나요?
답: **형용사 찾기**: 형용사는 "ㄴ다/ ~고 있다"가 되지 않는다. 동사만 된다. ☞ p.8
       1)추운 cold … 추운다   … "ㄴ다"가 되지 않아 "추운"은 형용사
       2)작은 small… 잔다   … "ㄴ다"가 되지 않아 "작은"은 형용사
       동사 찾기: (동사는 "ㄴ다/ ~고 있다"를 붙여 의미가 통한다.)
       1)잠자는 … 잠잔다/잠자고 있다   … 동사
       2)일한 … 일한다/일하고 있다   … 동사

Exercise

형용사로 영작해야 할 것은 밑줄, 형용사구/절로 영작해야 할 것은 괄호를 하세요.

1) 나는 너의 심각한 표정을 싫어한다.
2) 내가 도망가는 학생들을 잡았다.
3) 이분이 우리가 만난 그 경찰이시다.
4) 매달 내가 그에게 주는 돈은 10 만원이다.

답:
형용사, 형용사구/절은 "ㄴ/ㄹ"로 끝나는 것만 찾으면 된다.

1) 나는 너의 <u>심각한</u> 표정을 싫어한다.
2) 내가 (도망가는) 학생들을 잡았다.
3) 이분이 (우리가 만난) 그 경찰이시다.
4) (매달 내가 그에게 주는) 돈은 10 만원이다.

Exercise

다음 단어가 형용사인지 형용사구/절인지 구분하여 보세요.

1) 지혜로운
2) 운동하는
3) 머리를 감는

답:
형용사구/절은 "동사 +ㄴ/ㄹ"이다.

1) 형용사　　　　wise
2) 형용사구　　　(운동하는= exercising/to exercise)　　　운동하다 (동사) + ㄴ
3) 형용사구　　　(머리를 감는 = washing hair/to wash hair)　　머리를 감다(동사)+ ㄴ

Mistakes

한글	잘 틀리는 영작	맞는 영작
(잠자는) 아이들 (마루 위에서 춤추는) 아이들	sleep kids dancing on the floor kids	(sleeping) kids kids (dancing on the floor)
(마실) 물 (끓는) 물 (물을 끓이기 위한)	will drink water boil water for boil water	water (to drink) (boiling) water (to boil water)

설명: 한글의 "ㄴ/ㄹ"은 항상 형용사인지 동사인지를 생각해야 한다.
동사인 경우에 동사를 단어 그대로 쓰면 틀린 영작이 된다.

3.2. 단지 3분이면 배우는 형용사, 형용사구/절 영작

3.2.1. 형용사, 형용사구/절을 적는 3단계

Step 1: 한글에서 "…ㄴ/ㄹ/의"를 보고 형용사, 형용사구/절을 찾는다.
Step 2: 형용사구/절만 괄호를 하고 괄호는 구와 절을 구분한다.
Step 3: 형용사는 영어 단어를 그대로 적고, 형용사구/절은 별도의 순서로 적는다.

3.2.2. 형용사의 영작… 배울 필요도 없이 간단하다.

3분 비법 형용사의 영작

> 형용사는 영어 단어 그대로 영어로 적는다.

형용사를 찾는 법: ☞ p.32
1) <u>귀여운</u> 아이들   <u>cute</u> kids
2) <u>더운</u> 곳   <u>hot</u> place

형용사의 영작 법: 형용사는 영어 단어를 변화시키지 않고 그대로 적는다.
1) <u>더러운</u> 마루   <u>dirty</u> floor   (더러운 dirty)
2) <u>깨끗한</u> 공기   <u>clean</u> air   (깨끗한 clean)

형용사를 적는 순서: 한글의 순서대로 영어도 적는다.
1) <u>귀여운</u> 아이들   <u>cute</u> kids
2) <u>추운</u> 날씨   <u>cold</u> weather

예: 다음 밑줄 친 단어는 모두 "ㄴ"으로 끝난 형용사로 영어 단어 그대로 적는다.
1) <u>멋있는</u> 사람들   <u>dandy</u> people
2) <u>심각한</u> 얼굴   <u>serious</u> face
3) <u>더러운</u> 손가락들   <u>dirty</u> fingers

Tips

> 문법: 형용사, 형용사구, 형용사절의 차이
>   형용사: 한 단어 … (귀여운 cute, 추운 cold 등)
>   (형용사구):   두 단어 이상이 모여 한 개의 **형용사**처럼 사용된다.
>   괄호에 **주어**가 <u>없다</u>. 예: (잠자는), (잠잔)
>   (형용사절):   두 단어 이상이 모여 한 개의 **형용사**처럼 사용된다.
>   괄호에 **주어**가 <u>있다</u>. (내가 만난), (그가 살고 있는)
> 주의: 영어에서 관계사절은 (한글로 해석할 때는 주어가 없어도) 항상 절로 부른다. ☞ p.40

Exercise

형용사가 있는 표현을 주의하여 영어로 적어 보세요.

1) 우리는 귀여운 아이들을 보았다.   see-saw-seen
2) 나는 나의 더러운 손가락들을 씻었다.   wash-washed-washed
3) 그들은 큰 빌딩을 보았다.   building, see-saw-seen
4) 그는 행복한 아이다.   happy
5) 이것은 빠른 우편이다.   fast, mail

답:
1) 우리는 **귀여운** 아이들을 보았다.   We saw **cute** kids.

2) 나는 나의 **더러운** 손가락들을 씻었다.   I washed my **dirty** fingers.

3) 그들은 **큰** 빌딩을 보았다.   They saw a **big** building.

4) 그는 **행복한** 아이다.   He is a **happy** child.

5) 이것은 **빠른** 우편이다.   This is **fast** mail.

Mistakes

한글	잘 틀리는 영작	맞는 영작
도망가는	escape	escap**ing**
도망가다		escape
도망갔다		escaped
도망간 죄수들		escaped prisoners
귀여운 벌들		cute bees

설명: "도망가다"는 동사이므로, "ㄴ"이 붙으면 "도망간…동사 ed… escaped",
"도망가는… 동사 ing… escaping"이 된다. 그러나, "친절한"은 형용사로, 영어 단어 그대로 쓴다.
☞ p.36

Tips

문법: 형용사의 두 가지 역할

1) 형용사는 주어, 동사, 목적어, 보어 중 단지 <u>보어</u>의 역할만을 할 수 있다.
   강아지들은 **귀엽다**. 귀엽다 (cute)는 형용사로 보어이다.
   형용사가 보어로 쓰일 때는 "ㄴ"으로 끝나지 않는다. 예) 그것은 **귀엽다**.

2) 형용사가 "ㄴ"이면, 명사를 꾸미는 것이다.
   예: **귀여운** 강아지들 cute puppies

3.2.3. 형용사구의 영작… 3가지 비법이면 해결된다.

3분 비법 형용사구로 영작하는 법

A. (동사 +는)	= 동사 +ing	
B. (동사 +ㄴ)	= 동사 ed (과거 분사 ☞p.15)	
C. (동사 +ㄹ/위한)	= to 동사	

형용사구를 찾는 법과 적는 법: ☞ p.32
"동사+ㄴ/ㄹ", "동사+위한"은 영어로 형용사구나 절로 적을 수 있다.
다만 <u>괄호에 주어가 있으면 영어는 반드시 관계사 (형용사절)로 영작한다.</u> ☞ p.40

다음 예들은 <u>괄호에 주어가 없어</u> 영어로는 형용사구나 절, 둘 중 하나로 영작할 수 있다.
1) (잠자는) 호랑이들 　　　　　　　　(sleep**ing**) tigers
　　　　　　　　　　　　　　　　　　tigers (**that** are sleeping)

2) (길거리에서)(잃어버린) 아이들　　　kids (lost) (on the street) ☞ p.41
　　　　　　　　　　　　　　　　　　kids (**who** were lost) (on the street)

3) (잠잘) 아이들　　　　　　　　　　kids (**to** sleep)

4) (잠자기 **위한**) 침대　　　　　　　a bed (**to** sleep on)

5) (나에게 영어를 가르치시는) 그 분　the man (teach**ing** me English)
　　　　　　　　　　　　　　　　　　The man (**who** teaches me English)

6) (농부인) 나의 아빠　　　　　　　　my father (be**ing** a farmer)
　　　　　　　　　　　　　　　　　　My father (**who** is a farmer)

형용사구를 적는 순서:
괄호만 별도로 "영어의 한가지 순서"로 적는다. ☞ p.2, p.6
괄호에 주어가 없으면 **동사부터 적는다.** (　동사+목적어+목적어+보어)
예: (선물들을 사기 **위한**) 돈　　　　money　 (to buy gifts)
　　　　　　　　　　　　　　　　　　　　　= (to 동사+목적어)

Tips

문법: 문법 용어로 A, B는 분사형 (현재분사형/과거분사형), C는 부정사라고 한다.

문법: 영어에서 **형용사구**와 **형용사절**의 차이
　　　　한글의 "동사 +ㄴ/ㄹ"은 영어로 형용사구나 절로 적을 수 있다.
　　　　영어로 "동사 ing, 동사 ed, to 동사"를 사용하면 **형용사구**이고,
　　　　"관계사"를 사용한 것은 **형용사절**이라고 한다.

Exercise

"ㄴ/ㄹ"을 찾아 괄호를 하고 영작을 해 보세요.

1) 우리는 TV 를 본다.　　　　　watch TV, watch-watched-watched
2) TV 를 보는 아이들　　　　　(형용사구로 영작하세요)
3) TV 를 볼 아이들　　　　　　(형용사구로 영작하세요)
4) TV 를 본 아이들　　　　　　(형용사구로 영작하세요)
5) 우리가 보는 TV 프로들　　　program

6) 광고들을 만드는 사람들은 사람들이 생산품들을 사도록 만들기 위해 전략들을 사용합니다. 광고 ad, 전략 tactic, 생산품 product, 사람들, 사용하다 use
사람들이 생산품들을 사도록 만들기 위해 (to get people to buy products)

7) 당신들은 (TV 에 사용된) 이러한 것들을 아마 보았을 거다.

답:
괄호 내에 주어, 목적어, 보어 등이 있으면, 괄호는 꾸미는 명사의 뒤에 온다.

1) 우리는 TV 를 본다.　　　　　　　We watch TV.

2) (TV 를 보는) 아이들　　　　　　　kids (watching TV)

3) (TV 를 볼) 아이들　　　　　　　　kids (to watch TV)

4) (TV 를 본) 아이들　　　　　　　　kids (who watched TV)　　… O
　　　　　　　　　　　　　　　　　　kids (watched TV)　　　　 … X ☞ p.41

5) (우리가 보는) TV 프로들　　　　　TV programs (that we watch)

6) (광고들을 만드는) 사람들은/ (사람들이 생산품들을 사도록 만들기 위해) 전략들을 사용합니다.
The people (making ads) use tactics ((to get people) (to buy products)).

7) 당신들은/ (TV 에 사용된) 이러한 것들을 아마 보았을 거다.
You/ have probably seen these (used) (on television).

Mistakes

한글	틀린 영작	맞는 영작
일하는	work	work**ing**
일하는 벌들	work bees	work**ing** bees
웃는 얼굴	smile face	a smiling face
떨어지는 사과들	fall apples	falling apples

A. 동사 +는= 동사 +ing

동사 +ing 를 적는 순서: 괄호가 **한** 단어일 때와 **두** 단어 이상일 때 순서가 다르다.
(방문하는) 손님들   (서울을 방문하는) 손님들

(visiting) guests   guests **(visiting** Seoul)
                                = (동사+목적어+…)

"방문하다, 점프하다, 잠자다"는 동사다. 그래서, 영어는 형용사구/절로 적어야 한다.
1) (방문하**는**) 손님들   **(visiting)** guests
2) (서울**을** 방문하**는**) 손님들   guests **(visiting** Seoul)

3) (점프하**는**) 아이들   **(jumping)** kids
4) (침대에서 점프하**는**) 아이들   kids **(jumping** on the bed)

5) (잠자**는**) 개구리들   **(sleeping)** frogs
6) (동굴에서 잠자**는**) 개구리들   frogs **(sleeping** in the cave)

주의: ~ing 라도 사전에 <u>형용사</u>는 명사 앞에 온다. visiting, jumping, sleeping ☞ p.30, 45

B. 동사 +ㄴ = 동사 ed ("는"이 아님) ☞ p.41

동사 +ed 를 적는 순서: 괄호가 **한** 단어인 경우와 **두** 단어 이상일 때 순서가 다르다.
(부서**진**) 유리   (마루 위에서 부서**진**) 유리

(broken) glass   glass **(broken** on the floor)= (동사 +…)

1) (부서**진**) 유리   **(broken)** glass
2) (마루 위에서 부서**진**) 유리   glass **(broken** (on the floor))

3) (떨어**진**) 빗방울들   **(fallen)** rain drops
4) (하늘에서 떨어**진**) 빗방울들   rain drops **(fallen** (from the sky))

주의: ~ed 라도 사전에 <u>형용사</u>는 명사 앞에 온다. broken, fallen, married ☞ p.30, 45

C. 동사+ㄹ = to 동사

to 동사를 적는 순서: "to 동사"는 **항상 명사 뒤**에 적는다.
(살) 선물들   (선물들을 사기 **위한**) 돈

gifts **(to buy)**   money   **(to buy gifts)**
                                  = (to 동사+ 목적어+…)

1) (살) 선물들   gifts **(to buy)**
2) (마실) 물   water **(to drink)**
3) (선물들을 사기 **위한**) 돈 money **(to buy gifts)**
4) (잠자기 **위한**) 침대   the bed **(to sleep on)**

Exercise

형용사구로 영작할 수 있는 부분을 괄호로 하고, 영어로 적어 보세요.

1) 일하는 벌들   work-worked-worked
2) 침대에서 점프한 아이들
3) 그를 만날 시간
4) 커피를 마시기 위한 시간
5) 나는 서울을 방문하는 손님들을 만난다.   visit, guest,
6) 나는 서울을 방문한 손님들을 알고 있다.   meet-met-met
7) 나는 점프하는 아이들을 보았다.   jump-jumped-jumped, kids
8) 나는 그 강아지를 때리는 아이들을 만났다.   hit-hit-hit
9) 나는 그 강아지를 때린 아이들을 안다

답:
한글에 "…ㄴ/ㄹ"를 보면, '일한다, 점프한다, 만난다'는 전부 동사이다.
괄호에서 동사가 "**ㄴ/ㄹ**"로 끝나면 **형용사구/절**로 적는다.
괄호에 주어가 없으면, "동사 ing, 동사 ed, to 동사"와 관계사로 적을 수 있다. ☞ p.32
괄호에 주어가 있으면, 항상 관계사를 사용하여 영작한다. ☞ p.36

1) (일하는) 벌들: (working) bees

2) (침대에서 점프한) 아이들: kids (who jumped) (on the bed))

3) (그를 만날) 시간: time (to meet him)

4) (커피를 마시기 **위한**) 시간: time (to drink coffee)

5) 나는 (서울을 **방문하는**) 그 손님들을 만난다.
   I meet the guests (visiting Seoul).

6) 나는 (서울을 **방문한**) 그 손님들을 알고 있다. ☞ p.41
   I know the guests (who visited Seoul).

7) 나는 (점**프하는**) 아이들을 보았다.
   I saw (jumping kids).

8) 나는 (그 강아지를 때리**는**) 그 아이들을 만났다.
   I met the kids (hitting the puppy).

9) 나는 (그 강아지를 때**린**) 그 아이들을 안다.
   I know the kids (who hit the puppy). ☞ p.41

3.2.4. 형용사절의 영작… 영어의 한 가지 순서를 알면 된다.

3분 비법 형용사절을 영작하는 법

> A. (ㄴ/ㄹ)+사람… (who/whom/whose)   +주어+동사+목적어+목적어+보어)
> B. (ㄴ/ㄹ) +사물… (that/which)   +주어+동사+목적어+목적어+보어)
> C. (ㄴ/ㄹ)+장소/시간/이유/방법… (where/when/why/how+주어+ 동사 + …)

형용사절을 찾고 영작하는 법:
괄호에 주어가 없으면 "동사 +ㄴ/ㄹ"은 영어로 형용사구/절로 적는다. 아래 예 1) ☞ p.36
괄호에 주어가 있으면 형용사절 (관계사를 이용)로만 적는다. 아래 예 2)

1) 영어의 형용사구/절로 쓸 수 있는 예 (괄호에 주어가 없는 경우)

(물고기들을 잡는) 곰들	bears (cat**ching** fish)
	bears (**that** catch fish)
(의사인) 내 친구	my friend (be**ing** a doctor)
	my friend (**who** is a doctor)
(그곳에 초대된) 그 사람들	people (invit**ed** there)
	people (**who** were invited there)

2) 영어의 형용사절 (관계사 사용)로만 써야 하는 예 (괄호에 주어 있는 경우)

| (내가 잡은) 물고기들 | fish (**that** I caught) |
| (우리가 먹을) 과일들 | fruit (**that** we will eat) |

형용사구로 영작 하는 법: ☞ p.36, 64

형용사절 (관계사)로 영작 하는 법: 아래 A. B. C 중 하나로 영작한다.
A. (who/whom/whose) 사용
B. (that/which) 사용
C. (where/when/why/how) 사용

형용사절을 쓰는 순서: 영어의 괄호 내의 순서는 1 가지 (주어+동사+목적어+목적어+보어)
(한글의 순서): (내가 만난) 사람들   (내가 산) 그 책

(영어):   people   (**whom** I met)   the book   (**that** I bought)
                = (whom 주어+동사+…)   =(that 주어+동사…)

Tips

> 문법: 관계사 (관계대명사와 관계부사)
>   A. B. C.의 who, whose…는 관계사라고 한다.
>   (A, B 는 관계대명사, C 는 관계부사로 구분하여 부르기도 한다.)

Exercise

형용사구/절 중 어느 것을 쓸 수 있는지 영어로 적어 보세요.

1) 내가 준 그 책
2) 내가 만날 그 분
3) 내가 좋아하는 그 계절   the season
4) 그녀가 피아노를 치는 이유   reason
5) 그 정치가를 사랑한 한국인들   politician

답: 괄호에 주어가 있으면 관계사를 쓰고, 주어가 없으면 동사 ing, 동사 ed, to 동사, 관계사 중 하나를 쓸 수 있다. 1) ~ 4)는 괄호에 주어가 있어 관계사를 써야 한다.

1) (내<u>가</u> 준) 그 책   the book (**that** I gave)

2) (내<u>가</u> 만날) 그 분   the man (**whom** I will meet)

3) (내<u>가</u> 좋아하는) 그 계절   the season (**that** I like)

4) (그녀<u>가</u> 피아노를 치는) 이유   the reason (**why** she plays the piano)

5) (그 정치가를 <u>사랑한</u>) 한국인들
    Koreans (**who** loved the politician)
    Koreans (lov**ed** the politician)   ⋯ X
    비교: (그 정치가에 의해 <u>사랑 받은</u>) 한국인들
    Koreans (**who** were loved by the politician)
    Koreans **loved** by the politician   ⋯ O

Tips

요점: 괄호의 "동사+ㄴ"은 영작할 때 조심해야 한다. (먹은, 잠잔, 마신)

<u>수동 의미</u>:   "동사~ㄴ/ㄹ"이 수동의 의미면 "동사+ed"로 항상 쓸 수 있다.
               먹힌 eaten, 씹힌 chewed, 고래들에 의해 먹힌 물고기들 fish <u>eaten</u> by whales

<u>완료의 의미</u>:   "동사 ~ㄴ/ㄹ"이 완료의 의미면 "동사+ed"로 쓰면 대부분 틀린 영어가 된다.
                틀린 표현: 먹은 빵 eaten bread, 씹은 껌 chewed gum, 잠잔 아이들 slept kids

                예외로 맞는 표현: 떨어진 fallen leaves, 도망간 escaped, 잃은 lost, 자란 grown
                떨어진 사과들 fallen apples, 그 나무에서 떨어진 사과들 apples fallen from the tree
                도망간 죄수들 escaped prisoners ⋯ O, prisoners who have escaped ⋯ O

<u>비법</u>:   <u>완료의 의미인 "동사~ㄴ/ㄹ"은 관계사로 하면 정확한 표현이 된다.</u> ☞ p. 41
           사과를 먹은 사람들 people eaten apples   ⋯ X,
                          people who have eaten apples   ⋯ O

A. who, whom, whose 를 사용하여 영작하는 경우

3분 비법 관계사를 사용하여 영작하는 법

> 한글의 괄호 (동사+ㄴ/ㄹ) 뒤가 사람이면, who, whose, whom 을 쓴다.
> 그러나 구어체에서는 that 을 쓰기도 한다.

who, whom, whose 는 언제 쓰나?
한글의 괄호 뒤가 사람 (예: 한국인, 아이들, 아이, 그 분…)인 경우만 쓴다.

1) 한글의 괄호에 <u>주어가 있으면</u> <u>whom</u> 을 사용한다.

(내**가** 만난) 그분
the man (whom I met)… "그 분"은 사람, 괄호 안에서 "내가"는 주어

2) 한글의 괄호에 <u>주어가 없으면</u> <u>who</u> 를 사용한다.

(나**를** 때린) 아이들
kids (who hit me)… "아이들"이 사람, 괄호에 주어가 없음

(믿을만한) 어떤 사람이 (내가 그것을 사야 한다고) 말한다.
Someone (who is trustworthy) says (I should buy it).

(의사**인**) 내 친구
My friend (who is a doctor)… "내 친구"는 사람, 괄호에 주어가 없음

3) 다만, 괄호가 "~의"로 연결되면 <u>whose</u> 를 사용한다.

(머리가 까만) 아이들 = 아이들의 (머리가 까만)
kids (whose hair is black)

who, whom, whose 중 생략할 수 있는 경우:
<u>한글의 괄호 안에 주어가 있는 경우에만</u> 생략할 수 있다. ☞ p. 48
who, whose, whom 중 whom 만 생략할 수 있다.

(내**가** 만난) 사람들

= people (whom I met)
= people (I met)
"괄호 안에 주어 "내가"가 있어 whom 은 생략 가능"

Exercise

관계사를 써서 영작해 보세요.

1) 나를 사랑한 한국인들
2) 머리들이 큰 아이들   = 아이들의 (머리들이 크다)   big
3) 그가 만난 그 아이   meet-met-met
4) 나에게 영어를 가르치신 그 분   teach-taught-taught
5) 나에게 직장을 주신 그 분   job, give-gave-given

답:
괄호에 주어가 있으면 항상 관계사만 사용한다.
괄호에 주어가 있으면 whom
괄호에 주어가 없으면 who
괄호와 "~의"로 연결되면 whose

1) (나를 사랑한) 한국인들
   Koreans (who loved me)

2) (머리들이 큰) 아이들
   아이들의 (머리들이 크다)
   kids (whose heads are big)

3) (그가 만난) 그 아이
   the kid (whom he met)

4) (나에게 영어를 가르치신) 그 분
   the man (who taught me English)

5) (나에게 직장을 주신) 그 분
   the man (who gave me a job)

Mistakes

한글	영어로 틀리는 순서	영어로 맞는 영작
(우리가 빵을 먹는 것)	we eating bread	(that we eat bread)
(내가 먹은) 그 사과	I ate the apple	the apple (which I ate)
(그를 만난) 그 사람	him met man	the man (who met him)
(내가 만난) 그 사람	I met man	the man (whom I met)
(내가 공부한) 그 곳	I studied place	the place (where I studied)
(읽을) 책들 (표지가 더러운) 그 책	read book, to read books cover is dirty the book book cover is dirty	books (to read) the book (whose cover is dirty)

B. that 또는 which 를 사용하여 영작하는 경우

3분 비법 관계사를 사용하여 영작하는 법

한글의 괄호 (…ㄴ/ㄹ) 뒤가 사람이 아니면, that 또는 which 를 쓴다.

that/which 는 언제 쓰나? :
괄호 뒤가 사람이 아니고 사물인 경우에 쓴다.

아래의 예에서 "과일, 원숭이, 참외, 곰, 차"는 사람이 아니므로 that/which 를 쓴다.

1) (내가 먹은) 그 과일　　　the fruit (that I ate)
　　　　　　　　　　　　　the fruit (which I ate)

2) (나의 빵을 먹은) 그 원숭이　the monkey (that ate my bread)
　　　　　　　　　　　　　　the monkey (which ate my bread)

3) (우리가 먹은) 그 참외　　the melon (that we ate)
　　　　　　　　　　　　　the melon (which we ate)

4) (나를 문) 그 곰　　　　 the bear (that bit me)
　　　　　　　　　　　　　the bear (which bit me)

5) 이것이 (내가 본) 그 차다.　This is the car (that I saw).
　　　　　　　　　　　　　　This is the car (which I saw)

that/which 를 생략하는 경우:
괄호에 주어가 있는 경우만 생략 가능하다.

아래는 괄호 내에 주어가 있어 that/which 가 생략 될 수 있다. ☞ p.48

1) (우리가 먹은) 그 참외　the melon (that we ate)
　　　　　　　　　　　　= the melon (which we ate)
　　　　　　　　　　　　= the melon (　　we ate)

2) (내가 산) 그 책　　　the book (that I bought)
　　　　　　　　　　　= the book (which I bought)
　　　　　　　　　　　= the book (　　I bought)

Exercise

형용사구/절을 괄호로 하고 관계사를 사용하여 영작해 보세요.

1) 내가 잡은 물고기들은 컸다.　　　　　　　　　　　catch-caught-caught
2) 우리는 물고기들을 잡는 곰들을 보았다.　　　　　catch-caught-caught
3) 나는 나를 따라오는 강아지를 샀다.
4) 나는 내가 산 그 책을 너에게 빌려 주겠다.
5) 이것이 제가 작성한 그 서류입니다.　　　　　write-wrote-written, document
6) 나에게 영어를 가르치는 그 영어 선생님이 이 여자 분이다.
7) 나는 한 왕자의 이야기를 말하는 그 시를 좋아한다.　　tell-told-told, poem

답:

1) (내가 잡은) 물고기들
Fish (that I caught) were big.

2) (물고기들을 잡는) 곰들
We saw bears (that were catching fish).

3) (나를 따라오는) 강아지
I bought a puppy (that was following me).

4) (내가 산) 그 책
I will lend you the book (that I bought).

5) (제가 작성한) 그 서류
This is the document (that I wrote).

6) (나에게 영어를 가르치는) 그 영어 선생님
The English teacher (who teaches me English) is this lady.

7) (한 왕자의 이야기를 말하는) 그 시
I like the poem (that tells the story of a prince).

Tips

문법: ~ing, ~ed 가 붙은 형용사
　　~ing, ~ed 가 붙은 단어도 사전에 형용사라고 적혀 있으면 명사의 앞에 쓴다.
　　사전의 형용사는 ~ing, ~ed 가 있어도 괄호에 넣지 않는다.
　　방문하는 visiting, 뛰는 jumping, 재미있는 interesting, 미소 짓는 smiling,
　　지루한 boring, 없어진 missing, 무는 biting, working 일하는, 치명적인 killing
　　결혼한 married, 관심이 있는 interested, 부서진 broken, 추위로 언 frozen

C. where, when, why, how 를 사용하는 경우

3분 비법 관계사를 사용하여 영작하는 법

> 한글의 괄호 (…ㄴ/ㄹ) 뒤가 정해진 표현일 때만 사용한다.
> 장소 place…where,   시간 time…when,
> 이유 reason…why,   방법 way…how

where, when, why, how 의 용법: 한글의 괄호 뒤에 아래 같이 정해진 표현이 올 때만 쓴다.
장소 place… where, 시간 time…when, 이유 reason…why, 방법 way…how

where, when, why, how 는 언제 생략할 수 있나?
where, when, why, how 는 한글의 괄호에 주어가 있어 항상 생략 가능하다.

적는 순서: 항상 괄호가 뒤로 간다.
　　　　　　괄호의 안은 "주어+동사+목적어+목적어+보어"이다.
　　　　(내가 머무는)　　　+그 장소

　　=the place　　　(where I stay)
　　　　　　　　　= (where 주어+동사+……)

1) 괄호의 뒤가 장소이면 where 를 쓴다.
   (내가 공부하는) 그 <u>장소</u>　　　the place (**where** I study)
   　　　　　　　　　　　　　　　　the place (　　 I study)

2) 괄호의 뒤가 시간이면 when 을 쓴다.
   (내가 공부하던) 그 <u>때</u>　　　　the time (**when** I studied)
   　　　　　　　　　　　　　　　　the time (　　 I studied)

3) 괄호의 뒤가 이유이면 why 를 쓴다.
   (우리가 그것을 만든) 그 <u>이유</u>　the reason (**why** we made it)
   　　　　　　　　　　　　　　　　the reason (　　 we made it)

4) 괄호의 뒤가 방법이면 how 를 쓴다.　☞ p.47 참조
   (그 새들이 둥지들을 만드는) 그 <u>방법</u>　the way (　　 the birds make nests)
   (그 새들이 어떻게 둥지들을 만드는 지)　(**how** the birds make nests)

5) (우리가 그를 만난) 그 도서관　　　the library (**where** we met him)
   　　　　　　　　　　　　　　　　the library (　　 we met him)

Exercise

관계사에 유의하며 다음을 영작 해 보세요.

1) 나는 네가 가지고 있는 이 컴퓨터를 좋아한다.　have-had-had
2) 내가 공부하던 그 때는 1950 년대였다.　the time
3) 이것이 우리가 그것을 만든 그 이유이다.　reason
4) 내가 그것을 산 방법이 이것이다.　buy-bought-bought
5) 이곳이 내가 공부하는 그 장소이다.　the place

답:
1) ~ 5)의 모든 괄호는 주어가 들어 있어, 관계사를 생략하고 쓸 수 있다.

1) 나는 (네가 가지고 있는) 이 컴퓨터를 좋아한다.
   I like this computer (that you have).
   I like this computer (you have).

2) (내가 공부하던) 그 때는 1950 대였다.
   The time (when I studied) was 1950s.
   The time (I studied) was 1950s.

3) 이것이 (우리가 그것을 만든) 이유다.
   This is the reason (why we made it).
   This is the reason (we made it).

4) (내가 그것을 산) 방법이 이것이다.
   The way (I bought it) is this.

5) 이곳이 (내가 공부하는) 장소다.
   This is the place (where I study).
   This is the place (I study).

Tips

질문: 4) "(내가 그것을 산) 방법"은 "the way how"로 하지 않나요?
답:　보통 the way how 는 항상 the way 나 how 중 하나만 쓴다.
　　그래서 the way (I bought it)로 영작한다.

질문: "the library (where we met him)"에서 "(우리가 그를 만난) 그 도서관"은
　　"장소"가 아닌 "도서관"인데 왜 where 를 씁니까?
답:　도서관이 "장소… place"를 나타내기 때문에 where 를 쓸 수 있다.

3.2.5. 괄호 "동사 +…ㄴ/ㄹ"은 두 가지 이상으로 표현 가능

3분 비법 형용사구와 형용사절로 영작하는 차이

> A. 괄호에 주어가 없으면, (동사 ing)/(동사 ed)/ (to 동사)/관계사로 영작한다.
> B. 괄호에 주어가 있으면, 관계사로만 영작한다.

형용사구/절의 영작: 괄호가 "동사+ㄴ/ㄹ"이면, A. B. 둘 중 하나로 적는다.

주어 없음

A. 괄호에 주어가 없으면, 형용사구/절 두 가지로 적을 수 있다.
형용사구로 적는 법: (동사 ing)/(동사 ed)/(to 동사)로 영작한다.
형용사절로 적는 법: 관계사로 영작한다. (who, whose, whom…)

1) (나를 매일 가르치는) 그 선생님   the teacher (teach**ing** me every day)
                                          the teacher (**who** teaches me every day)

2) (나를 가르친) 그 선생님   the teacher (**who** taught me)
                                          the teacher (**taught** me) … X ☞ p.41 tips
비교: 나에 의해 가르침을 받은 그 아이   the kid (**taught**) by me   …O ☞ p.41 tips

3) (의사인) 나의 친구   my friend (be**ing** a doctor)
                                          my friend (**who** is a doctor)

주어 있음

B. 괄호에 주어가 있으면, 관계사 (형용사절) 한 가지로만 적을 수 있다.
형용사절로 적는 법: 관계사로 영작한다. (who, whose, whom…)
1) (내가 가르친) 그 학생   the student (whom I taught)
                                          the student (I taught)

2) (내가 만난) 아이들   kids (whom I met)
                                          kids (I met)

3.2.6. 관계사는 생략하고 쓰지 않을 수 있다.

3분 비법

> 한글의 괄호에 주어가 있으면, 관계사를 생략할 수 있다… 관계사의 생략

주어 있음

다음의 예에서 보듯이 괄호에 주어 "내가"가 있어 관계사를 생략할 수 있다.

1) (내가 가르친) 그 학생   the student (I taught)

2) (내가 만난) 아이들   kids (I met)

Exercise

형용사절을 찾아 괄호를 하고 영작 해 보세요.

1) 이것이 내가 만들고 있는 그 컴퓨터이다.
2) 내가 만날 사람을 나에게 말해줘.
3) 내가 좋아하는 음식은 김치다.
4) 그것이 그녀가 피아노를 연주하는 이유이다. reason
5) 이분이 내가 읽을 책의 주인이다.

답:
괄호에 주어가 있으면 관계사를 생략하고 적어도 된다.

1) 이것이 (내가 지금 만들고 있는) 그 컴퓨터이다.
   This is the computer (that I am making now).
   This is the computer (which I am making now).
   This is the computer (I am making now).

2) (내가 만날) 사람을 나에게 말해줘.
   Please tell me the man (whom I will meet).
   Please tell me the man (I will meet).

3) (내가 좋아하는) 음식은 김치다.
   The food (that I like) is gimchi.
   The food (which I like) is gimchi.
   The food (I like) is gimchi.

4) 그것이 (그녀가 피아노를 연주하는) 이유이다.
   It is the reason (why she plays the piano).
   It is the reason (she plays the piano).
   It is   (why she plays the piano).

5) 이분이 (내가 읽을 책)의 주인이다.
   This is the owner (whose book I will read).

Tips

요점: 형용사절을 효과적으로 쓰는 방법
   <u>한글의 괄호에 주어가 있으면</u>, 관계사를 생략하고 영작을 할 수 있다.

   1) (<u>내가</u> 준) 그 책
      그 책 +(내가 주었다)   the book (I gave)
   2) (<u>내가</u> 만날) 그 분
      그분 +(내가 만날 것이다.)   the man (I will meet)

영작의 달인이 되는 비법

괄호인 부사구/절을 쓰는 순서도 단지 1 가지 순서이다.
다만 1 가지 예외의 순서가 있다. ~ 3 분 완성

한글에서 괄호인 부사구/절은 특별한 표시가 있다.
영어에서 괄호인 부사구/절은 특별한 표시가 있다.
이 특별한 표시만 알면 누구나 고급 문을 바로 쓸 수 있다.
~ 각각 3 분이면 끝내.

4. 부사, 부사구/절의 영작 비법

…3 분이면 끝내

- 부사, 부사구/절 찾기… 3 가지 비법만 알면 1 분이면 배운다.

- 단지 3 분이면 배우는 부사, 부사구/절 영작

    o 부사, 부사구/절을 적는 3 단계

    o 부사의 영작   … 순서가 중요하다.

    o 부사구의 영작 … 2 가지 비법만 알면 준비 완료!

    o 부사절의 영작 … "영어의 한 가지 순서"가 중요.

4.1. 부사, 부사구/절 찾기… 3 가지 비법만 알면 1 분이면 배운다.

3분 비법 한글에서 부사, 부사구/절을 찾는 법

> 부사는 "ㅔ/ㅣ"로 끝나고, 부사구/절은 "…에/에서"로 끝난다.

부사, 부사구/절을 찾는 법:
한글에서 "ㅔ/ㅣ"는 부사이며 "…에/에서"로 끝나는 표현은 부사구/절이다.
부사구와 절의 차이는 괄호에 주어가 있는가, 없는가에 달려 있다. ☞ p.53

ㅔ/ㅣ
에

A. 부사: "ㅔ/ㅣ"로 끝난다.
1) 빠르게 fast, 느리게 slow, slowly 즐겁게 joyfully, 부드럽게 softly
2) 빨리 fast, 천천히 slow, slowly, 빈번히 frequently,

B. 부사구: "…에/에서", "ㅔ/ㅣ" "로/여" …로 끝난다. 괄호에 주어가 <u>없다</u>
1) (학교에/에서)   (at school)
2) (상세하게/ 상세히)   (in detail)
3) (버스로)   (by bus)
4) (절망하여)   (in despair)

C. 부사절: "에", "여/서"로 끝난다. 괄호에 주어가 <u>있다</u>.
1) (내가 숙제를 끝내기 전에)   (before I finish my homework)
2) (의지가 있는 곳에)   (where there is a will)
3) (그것이 작아서)   (because it is small)

Tips

문법: 빈도부사와 강조부사는 "ㅔ/ㅣ"로 끝나지 않는 예외의 부사들이다.

빈도부사   ☞p.54
"몇 번"에 대한 답이 되는 부사가 빈도부사다.
항상 always,   자주 often,   가끔 sometimes,   거의 rarely,   전혀 never
빈도부사는 일반동사의 앞에 오거나, be 동사의 뒤에 온다. (일반동사와 be 동사 ☞ p.8)
나는 항상 아침 식사 전에 운동한다.   I always exercise before breakfast.
그녀는 항상 늦는다.   She is always late.

강조부사   ☞p.54
의미를 강조하는 부사가 강조부사다.
아주 very,   매우, 심하게 badly,   몹시, 지독하게 terribly,   아주 quite,
정말 really,   아주, 전적으로 totally,   완전히 absolutely,   매우 awfully
나는 아주 동의한다.   I <u>quite</u> agree. (아주)
우리는 정말로 이 집을 좋아한다.   We <u>simply</u> like this house. (정말로, 아주)
나는 그것이 매우 이르다고 알고 있다. I know it's <u>awfully</u> early. (매우)

Exercise

부사에 밑줄을 긋고, 부사구/절은 괄호를 하고, 영작 해 보세요.

1) 우리는 열심히 공부하였다.   hard
2) 놀랍게도 그는 그가 원하는 그 대학에 들어갔다.   surprisingly
3) 그는 아주 예쁜 핸드 폰을 샀다.
4) 나는 점심 식사 후에 그를 만났다.
5) 내가 그를 만난 후에 그는 그 음식점에 갔다.
6) 나는 정말로 그녀를 사랑한다.   really 정말
7) 우리는 틀림없이 그녀를 사랑한다.   just 틀림없이
8) 우리는 너와 이야기하기 위하여 바로 들어갔다.   just 바로

답:

1) We studied <u>hard</u>.   열심히

2) <u>Surprisingly</u>, he entered the university that he wanted.   놀랍게도

3) He bought a <u>very</u> cute cell phone.   아주

4) I met him (after lunch).   (점심 후에)

5) (After I met him), he went to the restaurant.   (내가 그를 만난 후에)

6) I <u>really</u> love her.   정말로

7) We <u>just</u> love her.   틀림없이

8) We <u>just</u> stepped in to talk to you.   바로

Tips

문법: 부사, 부사구, 부사절의 차이

부사: 한 단어 … (천천히 slowly, 빨리 fast 등)
부사구: 두 단어 이상이 모여 한 개의 부사처럼 사용된다.
        괄호에 주어가 없다.
        예: (1 시에 … at one o'clock), (학교에서 … at school)
부사절: 두 단어 이상이 모여 한 개의 부사처럼 사용된다.
        괄호에 주어가 있다.
        예:
        (내가 숙제를 끝내기 전에)   … (before I finish my homework)
        (그가 나를 사랑하여)   …(because he loves me)

4.2. 단지 3분이면 배우는 부사, 부사구/절 영작

4.2.1. 부사, 부사구/절을 적는 3 단계

Step 1: 한글에서 "ㅔ/ㅣ, 에/에서, ~로/여/서"를 보고 부사, 부사구/절을 찾는다.
Step 2: 정해진 부사구/절만 괄호로 한다.
Step 3: 부사는 그대로 적고, 부사구/절은 괄호를 적는 순서로 적는다.

4.2.2. 부사의 영작… 순서가 중요하다.

3분 비법 부사를 영작하는 법

한글의 부사는 "ㅔ/ㅣ"이며, 영어로는 단어 그대로 적는다.

부사를 찾는 법: 한글의 "ㅔ/ㅣ"로 끝나는 단어 (예: 빠르게, 빨리…)
부사의 영작 법: 영어 단어를 그대로 적는다. (예: 빠르게 quickly, 느리게 slowly)

부사를 적는 순서: 부사에 따라, A~D 같이 문에서 적는 곳이 다르다.

A. 영어에서 대부분의 부사는 **문의 뒤**에 오고, **가끔 동사 앞**에 올 수 있다.
1) 개미들은 **빠르게** 움직인다.   Ants move **quickly**.
2) 그는 **느리게** 달렸다.   He ran **slowly**.
3) William 은 그 소년에게 부드럽게 말했다. William **gently** told the boy.

B. 영어의 빈도부사(☞ p.52)는 항상 **동사 앞**에 온다. (빈도부사 + 동사)
1) 나는 **항상** 9시에 학교에 간다   I **always** go to school at 9.
2) 나는 **빈번히** 그의 집을 방문하였다.   I **often** visited his home.

C. 강조부사 (☞ p.52)는 영어도 한글처럼 동사/형용사/부사 앞에 온다.
1)~2) (강조부사 +동사), 3)~4) (강조부사 +형용사), 5)~ 6) (강조부사 +부사)

1) 나는 너와 **완전히** 동의한다   I **quite** agree with you.
2) 나는 그것을 **아주** 좋아한다.   I **simply** like it.
3) 그는 **매우** 친절하다.   He is **very** kind.
4) **아주** 많은 사람들이 있다.   There are **so** many people.
5) 나는 그것을 **아주 많이** 좋아한다.   I like it **very** much.
6) 나는 **대단히** 열심히 공부한다.   I study **awfully** hard.

D. 부사는 드물게 **문의 처음**에 나오기도 한다. 한글로는 주로 "~게도"이다.
1) **운이 좋게도,** 나는 그 시험을 통과했다.   운이 좋게(도)   luckily
2) **놀랍게도,** 그는 남자였다.   놀랍게(도)   surprisingly

Exercise

부사에 주의하여 영작 해 보세요.

1) 그는 천천히 걷는다.
2) 그녀는 아주 크게 말한다.
3) 그 아이는 아주 귀엽다.
4) 그는 항상 아침 6시에 일어난다.
5) 그는 전혀 아침 6시에 일어나지 않는다.
6) 그는 때때로 아침 6시에 일어난다.
7) 그는 좀처럼 아침 6시에 일어나지 못한다.
8) 그는 보통 아침 6시에 일어난다.
9) 그는 치즈를 아주 많이 좋아한다.
10) 그것은 정말 작다.

답:
부사는 부사의 종류에 따라 문에서 쓰는 장소가 달라진다. ☞ p.54

1) He walks **slowly**.

2) She speaks **very** loudly.

3) The kid is **very** cute.

4) He **always** gets up at six in the morning.

5) He **never** gets up at six in the morning.

6) He **sometimes** gets up at six in the morning.

7) He **rarely** gets up at six in the morning.

8) He **usually** gets up at six in the morning.

9) He likes cheese **very** much.

10) It is **really** small.

Mistakes

한글	잘 틀리는 순서	영어로 맞는 영작
나는 보통 커피를 마신다.	I drink usually coffee.	I usually drink coffee.
나는 그것을 아주 잘 했다.	I did it well extremely.	I did it extremely well.

4.2.3. 부사구의 영작··· 2 가지 비법만 알면 바로 영작 준비 완료!

3분 비법 부사구를 영작하는 법

> A. 부사구 "에/에서/로/서"는 (전치사 + 동사)로 영작한다.
> B. 부사구 "위하여/러"는 (to 동사)로 영작한다.

부사구를 찾는 법: "에/에서", "위하여/~러"를 찾는다. 괄호에 주어가 없다.
1) (도서관에서)   (at the library)
2) (축구를 하기 위하여) (to play soccer)
3) (영어를 공부하러)   (to study English)

부사구의 영작 법: A. (전치사 +명사)와 B. (to 동사) 둘 중 하나로 영작한다.

A. 한글에 "에/에서"가 있으면, 괄호를 하고 "**전치사 +명사**"로 영작한다.
적는 순서: 항상 (전치사 +명사)의 순서로 적는다.
(학교   에)

= (에   학교)
= (at   school) = (전치사 +명사)
1) (학교에)   (at school)
2) (학교에서)   (at school)
3) (책상 위에)   (on the table)
4) (은행과 우체국 사이에)   (between the bank and the post office)
5) (그녀의 머리 위에)   (on her head)
6) (그의 부인과)   (with his wife)

B. 한글의 "위하여, ···러"는 괄호로 하고 "**to 동사**"로 영작한다.
적는 순서: 괄호 안은 항상 "문의 한가지 순서"로 적는다. ☞ p.2
괄호 안에 주어가 없으므로 동사부터 적는다. (동사+목적어+목적어+보어)
(공부하기 **위하여**)   (영어를 공부하러)

(to   study)   (to   study English)
= (to   동사···)   = (to   동사 + 목적어)
1) (음악을 공부하기 **위하여**)   (to study music)
2) (공부하러)   (to study)
3) (용기를 갖기 **위하여**)   (to have courage)

Tips

문법: 문법 용어로 A 는 부사구 또는 전치사구, B 는 부정사구라고 한다.

Exercise

부사구를 찾아 괄호를 하고 영작 해 보세요.

1) 나는 매일 점심 식사 후에 낮잠을 잔다.
2) 우리는 매일 아침에 운동한다.
3) 나는 서울에서 살고 있다.
4) 그는 12 시 전에 점심을 먹는다.
5) 나는 커피를 마시러 부엌으로 갔다.   kitchen
6) 나는 잠자기 위하여 책들을 읽는다.
7) 나는 먹기 위하여 산다.
8) 나는 살기 위하여 먹는다.
9) 나는 학교를 가기 위하여 빨리 일어났다.   get up

답:
"에"가 있고, 주어가 없는 부사구는 괄호로 하고, (전치사 +명사)로 영작한다.
(~위하여, ~러) 는 (to 동사) 로 영작한다.

1) I take a nap (after lunch) every day.   (점심 식사 **후에**)
2) We exercise (in the morning) every day.   (아침에)
3) I live (in Seoul).   (서울에서)
4) He eats lunch (before 12 o'clock).   (12 시 전에)
5) I went (to the kitchen) (to drink coffee). 커피를 마시러) (부엌으로)
6) I read books (to sleep).   (잠자기 **위하여**)
7) I live (to eat).   (먹기 **위하여**)
8) I eat (to live).   (살기 **위하여**)
9) I got up early (to go) (to school).   (학교에) (가기 **위하여**)

Tips

문법: 한글에서 전치사를 찾는 방법 (영어의 전치사의 종류)
    전치사는 주로 "에/에서"로 끝난다.
    전치사 뒤에는 항상 명사 (명사구/절)가 온다. (in Seoul, at school…)

1) "에/에서": in 에, on 에, 대하여 at 에, to 에, 로, into 로, inside 안에, outside 밖에, out 밖에, near 가까이에, after 후에, before 전에, behind 뒤에, above 위에, over 위에, up 위에, below 아래에, under 아래에, during 동안에, because 때문에

2) "여": about 대하여, for 위하여, 동안에, 대하여, through 통하여, by 의하여, 로

3) 기타: from 부터, with 와, 과, 로, of 의

4.2.4. 부사절의 영작… "영어의 한 가지 순서"를 알면 된다.

3분 비법 부사절을 영작하는 법

한글의 (주어…+ "에)는 (접속사+주어+동사+목적어+목적어+보어)로 영작한다.

부사절을 찾는 법: 괄호에 주어와 "…에"가 있다.

부사절의 영작 법:
부사절은 **정해진 단어를 사용하여 순서대로 영작**한다.
정해진 단어 (접속사)의 예:
before 전에, after 후에, when 때(에), because/as 때문에

예: (우리가 숙제를 하기 **전에**)　　　(**before** we do our homework)
　　　　　　　　　　　　　　　　　(before 주어+동사+목적어)

부사절을 적는 순서:
부사절의 괄호 내에서의 순서는 "주어 +동사+목적어+목적어+보어"다.
이 순서는 "영어의 한가지 순서" (☞ p.2)와 같다.

(우리가 숙제를 하기 **전에**)

(**Before**　　we do our homework)
= (Before　　주어 + 동사+목적어)

예:

1) (우리가 숙제를 하기 **전에**)　　　(**before** we do our homework)

2) (의지가 있는 **곳에**)　　　　　　(**where** there is a will)

3) (내가 물고기를 먹을 **때 (에)**)　　(**when** I eat fish)

4) (한국인들이 배고플 **때 (에)**)　　(**when** Koreans are hungry)

5) (그가 달리기 **전에**)　　　　　　(**before** he runs)

6) (우리가 점심을 먹은 **후에**), 그들이 도착했다. (**After** we ate lunch), they arrived.

7) (땅 **위에**)　　　　　　　　　　(**on** the ground)

8) 그는 (땅 위에) 그 고기를 던졌다.　He threw the fish (**on** the ground).

Exercise

부사구/절을 괄호로 하고 영작 해 보세요.

1) 나는 나의 아빠가 가난하기 때문에 새 차를 살 수 없었다.   poor
2) 그가 나를 보았을 때에 나는 내 숙제를 하고 있었다.   do my homework
3) 내 친구가 나에게 말하기 전에 내가 그에게 그녀에 대하여 말했다. tell-told-told
4) 그것이 3 만원이라도, 그것은 많은 돈이었다.
5) 내가 그 분과 말하는 동안 너는 조용히 있어야 한다.   quiet, while

답:

1) 나는/ (나의 아빠가/ 가난하기 때문에) 새 차를 살 수 없었다.
   (Because my dad was poor), I could not buy a new car.

2) (그가/ 나를 보았을 때에) 나는/ 내 숙제를 하고 있었다.
   (When he saw me), I was doing my homework.

3) (내 친구가/ 나에게 말하기 전에) 내가/ 그에게 (그녀에 대하여) 말했다.
   (Before my friend told me), I told him about her.

4) (그것이/ 3 만원이라도), 그것은/ 많은 돈이었다.
   (Although it was thirty thousand won), it was a lot of money.

5) (내가/ 그 분과 말하는 동안) 너는/ 조용히 있어야 한다.
   (While I talk to him), you should be quiet.

Tips

문법: 부사절을 만드는 접속사:

1) ~에:
when 때에, where 곳에, before 전에, after 후에, while 동안에, 반면에, because 때문에, as 때에, 때문에, since 때문에, ~부터

2) 기타: though~라도, if~면, once~면, than ~보다

3) 주의할 접속사:
though = although = even though = even if	~라도
as though = as if	~처럼
like	~처럼 (informal)
immediately	~자 마자,
every time	~때마다,
now that	~니까
the first time (that), the last time (that),	
providing (that) = provided (that)	~을 조건으로 하여

영작의 달인이 되는 비법

괄호인 구나 절을 쓰는 순서도 단지 1 가지 순서이다. ~ 3 분만 배워도 누구나 잘할 수 있다.

특히 한국인들은 관계사, 분사를 사용한 영작을 잘 할 수 없으면 자기의 생각을 표현하는데 곤란하다. 그 이유는 우리가 쓰는 한글이 영어에 비하여 관계사나 분사를 사용한 표현이 많기 때문이다. ~ 각각 3 분이면 끝내.

5. 구와 절을 적는 순서

…단지 한 가지 순서 뿐

- 구와 절을 적는 순서
- 명사구/절을 적는 순서
- 형용사구/절을 적는 순서
- 부사구/절을 적는 순서

5.1. 구와 절을 적는 순서 … 1 가지 순서로 적는다.

3분 비법 구와 절을 적는 순서

> 구/절은 괄호 안에서 "영어의 한가지 순서"로 적는다. ☞ p.2
> 영어의 문을 적는 순서 (기본 순서):　(주어+동사+목적어+목적어+보어)
> 괄호 내의 순서:　　　　　　　　　　(주어+동사+목적어+목적어+보어)
> 괄호를 적는 예외의 순서:　　　　　　(전치사+명사)

구와 절을 찾는 법: 구/절은 한글에서 다음과 같은 표현에서 찾으면 된다.
A.　명사구/절:　　(것/가/지/다고/라고)
B.　형용사구/절:　(ㄴ/ㄹ/의), (위한)
C.　부사구/절:　　(~에/에서, 게/로), (~서/위하여/~러)

구와 절을 적는 순서: 한글의 구와 절은 괄호로 표시한다.
괄호 안을 적는 영어의 순서는 괄호 안에서 별도로 "영어의 한가지 순서"를 따른다. ☞ p.2

괄호 내의 순서:
1) 괄호에 주어가 있으면, (주어+동사+목적어+목적어+보어)
 (그가 일하는 것)　　　　　　(that he works)
　　　　　　　　　　　　　　(that 주어+동사)

2) 괄호에 주어가 없으면, (　동사+목적어+목적어+보어)
 (과일을 먹는 것)　　　　　　(eating fruit)/　(to eat fruit)
　　　　　　　　　　　　　= (먹다 ing+과일을)/(to 먹다+ 과일을)
　　　　　　　　　　　　　= (동사 + 목적어)/　(동사 + 목적어)/

3) 괄호를 적는 예외: 항상 (전치사+명사)로 한다.　(at school) = (전치사+명사)

5.2. 명사구/절을 적는 순서… A. 명사구/절의 예 (것,가,지,라고)

1) (잠자는 것)　　　　　　　(sleeping)　　(동사 ing)
　　　　　　　　　　　　　(to sleep)　　 (to 동사)

2) (매일 그를 만나는 것)　　 (meeting him every day) (동사 + 목적어)
　　　　　　　　　　　　　(to meet him every day) (동사 + 목적어)

3) (그가 일하는 것)　　　　　(that he works)　　　(that 주어+동사)

4) (네가 언제 그를 만났는지)　(when you met him)
　　　　　　　　　　　　　(when 주어+동사+목적어)

Exercise

구와 절을 찾아 괄호를 하고 적어 보세요.

1) 나는 이 도구들을 사용하는 것을 즐긴다.　　　　도구 tool, 즐기다 enjoy
2) 나는 당신이 무엇에 대해 말하고 있는 지를 알지 못한다.
3) 이 공장에서 일하는 모든 사람들은 인도에서 온 노동자들이다.
4) 나는 하늘에서 나는 UFO 를 본적이 있다.　　　　날다 fly
5) 우리가 만난 그 분은 매우 친절하였다.
6) 내가 어제 산 그 우유는 상했었다.　　　　상한 stale

답:

1) 나는/ (이 도구들을 사용 하는 것)을 즐긴다.
   I enjoy (using these tools).

   enjoy 뒤에 "~것"이 오면 반드시 "동사 ing" 만 쓴다. "to 동사"를 쓰지 않는다.
   이렇게 동사에 따라 "to 동사" 나 "동사 ing" 두 가지 중 하나만 사용하는
   동사들이 있다.

2) 나는/ (당신이/ 무엇에 대해 말하고 있는 지)를 알지 못한다.
   I do not know (what you are talking about).

3) ((이 공장에서) 일하는 모든 사람들)은/ ((인도에서 온) 노동자들) 이다.
   All of the people (working (in this factory)) are workers (from India).

4) 나는/ (하늘에서) (나는) UFO 를 본적이 있다.
   I have seen a UFO ((flying) (in the sky)).

5) (우리가/ 만난) 그 분은/ 매우 친절하였다.
   The man (whom we met) was very kind.

6) (내가 /어제 산) 그 우유는/ 상했었다.
   The milk (that I bought yesterday) was stale.

Mistakes

한글	영어로 틀리는 순서	영어로 맞는 영작
(우리가 읽은) 그 책	we read the book	the book (that we read)
(하늘에서) (나는) 새들	in the sky fly birds	birds (flying) (in the sky)
(당신이 무엇을 보았는지)	you what saw	(what you saw)
		(what you have seen)
(마실) 물	drink water	water (to drink)

5.3. 형용사구/절을 적는 순서… B. 형용사구/절의 예 (ㄴ/ㄹ, 위한)

1) (콜라를 마시는) 그 아이   the kid (drinking Coke)
                 (동사 ing +목적어)

2) (우리들이 마시는) 그 우유   the milk (that we drink)
                 (that 주어+동사)

3) (영어를 공부하기 **위한**) 하나의 방법   a way (to study English)
                 (to 동사 +목적어)

5.4. 부사구/절을 적는 순서… C. 부사구/절의 예 (…에/에서, 위하여/러)

1) (저 상자 속**에**)   (in the box)
             (전치사 +명사) … 예외의 순서

2) (나에게 영어를 가르치기 **위하여**)   (to teach me English)
             (to 동사+목적어+목적어)

3) (영어를 공부하**러**)   (to study English)
             (to 동사 +목적어)

4) (내가 그를 만난 **후에**)   (after I met him)
             (after 주어+동사+목적어)

Tips

요점: 괄호를 하는 법 (주어의 수와 괄호의 수)
영작을 쉽게 하기 위해 정해진 <u>구나 절은 괄호를</u> 하고 한 개의 단어로 생각한다.

하나의 문에 주어와 동사는 각각 하나이다.
그래서 주어가 둘이면, 주어 하나는 괄호에 들어가야 한다. ☞ p.118

예를 들면, 다음은 주어가 둘, 동사가 둘이므로 주어와 동사 하나는 괄호에 들어 간다.
1) 우리는/ (일본인들이/ 말고기를 먹는지)를 궁금해 한다.
2) 그는/ (내가/ Mr. Kim 이라는 것)을 기억하였다.   remember
3) 나는/ (그가/ 범인이라는 것)을 확인하였다.   confirm
4) 그는/ (지구가 /평평하지 않다는 것)을 발견하였다. find – found
5) 우리는/ (그들이/ 곧 결혼한다고) 알렸다.   announce

Exercise

다음 문을 구와 절을 적는 순서에 유의하여 적어 보세요.

1) 그 동물들은 저 동굴에 있었다.　　　　　　~에 있다 be
2) 나는 물 속으로 다이빙했다.
3) 며칠 후에 뿌리들이 보일 거다.　　　　　　보이다 appear
4) 그들이 점심을 먹은 후에 우리는 빵을 먹을 수 있었다.
5) 우리는 그 씨앗들을 유리병의 바닥에 두었다.
6) 나의 동생이 울었기 때문에 나는 잠을 깼다.　잠을 깨다 wake up-woke up

답:

1) 그 동물들은/ (저 동굴에) 있었다.
   The animals/ were (in that cave).

2) 나는/ (물 속으로) 다이빙했다.
   I/ dived (into the water).

3) (며칠 후에) 뿌리들이/ 보일 거다.
   (After a few days) roots/ will appear.

4) (그들이/ 점심을 먹은 후에) 우리는/ 빵을 먹을 수 있었다.
   (After they/ ate lunch), we/ could eat bread.

5) 우리는/ 그 씨앗들을 (유리병의) (바닥에) 두었다.
   We/ placed the seeds (on the bottom) (of the glass bottle).

6) (나의 동생이/ 울었기 때문에) 나는/ 잠을 깼다.
   I/ woke up (because my brother/ cried).

Mistakes

한글	영어로 틀리는 순서	영어로 맞는 영작
(저 동굴에)	(that cave in)	(in that cave)
(우리는 그를 만난 후에)	(we met him after)	(after we met him)
(그를 만나러)	(meet him)	(to meet him)
(그를 만나기 위해)	(for meet him)	(to meet him)

영작의 달인이 되는 비법

한글은 명사를 수식/한정하는 모든 표현이 **명사의 앞**에만 온다.
영어는 명사를 수식/한정하는 모든 표현들이 명사의 **앞/뒤**에 온다.

단어의 순서가 의미를 결정하는 영어의 특성상 이러한 혼동이 한국인들이 영작을 제대로 하지 못하는 중요한 이유 중의 하나이다. ~ 단지 3 분이면 배울 수 있다.

3 분 비법 요약~
영어의 형용사는 거의 한글의 순서와 같이 **명사의 앞**에 온다. (몇 개의 예외가 있어요.)
영어의 괄호 (형용사구/절)는 명사의 **뒤**에 온다.

6. 명사 앞의 단어들

…항상 같은 순서

- 명사 앞에서만 쓰이는 단어들
- 명사 앞에서 쓰이는 표현들을 적는 순서

6.1. 항상 명사 앞에서만 쓰이는 단어들

3분 비법 항상 명사 앞에만 오는 단어들

> 다음 표현은 항상 명사 앞에서 A. B. C.의 순서대로 써야 한다.
> A. all, both
> B. a, the, this, my
> C. 수

명사 앞에서 순서대로 적어야 하는 표현들:
영어에서 명사의 앞에서 쓰이는 다음 표현들은 항상 순서대로 써야 한다.
(A +B +C) +명사

A. 명사의 맨 앞에서 쓰이는 표현들
all, both

B. 명사 앞에서 쓰이는 두 번째 표현들
B.는 A.표현의 앞에 올 수 없다.

1)~ 4)의 표현은 한글에서는 같이 쓰일 수 있는 것 같지만, 영어에서는 절대 두개를 같이 쓸 수 없다.

1) **a** (an) (하나, 한)
2) **the** (그)
3) **this** (이), **these** (이), **that** (저), **those** (저) ☞ p.70 box
4) **my** (너의, 그의…), **your** … ☞ p.69, p.21

예:
적을 수 <u>없는</u> 예를 들면,
1) 나의 그 책   **my the** book   (X)
2) 너의 한 권의 책   **your a** book   (X)
3) 나의 한 권의 책   **my a** book   (X)   … **a my** book   (X)
4) 너의 그 책   **your the** book (X)   … **the your** book   (X)

C. 숫자 (one, two, three…)
숫자는 A. B의 표현의 앞에 올 수 없다.

예:
1) 그 두 권의 책   the two books …O
2) 이 다섯 마리의 고양이들 these five cats …O

Exercise

명사 앞에 오는 표현들의 순서에 유의하여 영작 해 보세요.

1) 나의 모든 작은 선물들은 이 방에 있다.
2) 나에게 비싼 책 한 권을 사주세요.
3) 저기에 두꺼운 책 한 권이 있다.
4) 나의 책 다섯 권을 너에게 보여주겠다.   show, will
5) 너를 멋진 내 친구에게 소개해 주지.   introduce

답:
1) 나의 모든 작은 선물들은 (이 방에) 있다.
   All my small presents are in this room.

2) 나에게 비싼 책 한 권을 사주세요.
   Please buy me an expensive book.

3) 저기에 두꺼운 책 한 권이 있다.
   There is a thick book over there.

4) 나의 책 다섯 권을 너에게 보여주겠다.
   I will show you my five books.

5) 너를 멋진 내 친구에게 소개해 주지. introduce ~ (to ~): ~를 소개하다 (~에게)
   I will introduce you to my cute friend.

Mistakes

한글	영어로 틀리는 순서	영어로 맞는 영작
모든 작은 나의 인형들	all small my dolls	all my small dolls
이 인형들	this dolls	these dolls

Tips

문법: 소유격(…의)의 변화

	하나 (단수)		둘 이상 (복수)	
나의	my	우리(들)의	our
너의	your	너희들의	your
그의	his	그들의	their
그녀의	her	그것들의	their
그것의	its		

6.2. 항상 명사 앞에서 쓰이는 표현들을 적는 순서

3분 비법 항상 명사 앞에 오는 단어들을 적는 순서

> 명사 앞의 표현은 항상 다음 순서로 적는다.
> A. (all/both) + B. (a/the/my/this) + C. 수 + D. 형용사 + 명사

명사 앞의 표현:
명사 앞에는 다음과 같은 단어들이 올 수 있다. 이 단어들은 적는 순서를 바꾸면 안 된다.
☞ p.68

A.	(all/both)	all my trouble
B.	(a/the/my/this)	a book, the book, my book, this book
C.	수: one, two…	one book, two books
D.	형용사: 예쁜, 친절한…	pretty kids, kind men

예:
1) the three little pigs   (그 세 마리의 어린 돼지들)   …B+C+D+명사
2) a little pig   (한 마리의 어린 돼지)   …B+D   +명사
3) all my cute pet animals (모든 나의 예쁜 애완 동물들) …A+B+D+명사

설명: A+B +C +D 의 순서가 바뀌면 안 된다.

Tips

> 질문: this 와 these 는 한글로는 똑 같이 "이"이고, that 과 those 는
> 한글로는 똑 같이 "저"인데 무엇이 다른가요?
>
> 답: this, that 은 뒤의 명사가 하나일 때, these, those 는 뒤의 명사가 둘 이상일 때 사용한다.
> (이 책 this book, 이 책들 these books, 저 책 that book, 저 책들 those books)
>
> 질문: the sky (하늘), the weather (날씨)등은 "그"라는 의미가 없는데
> 왜 the 를 붙이나요?
>
> 답: "자연"에 관련 된 표현이나 집안에 있는 물건들은 "그"라는 의미가 없어도 the 를 붙인다.
> 그 이유는 우리가 말할 때 서로가 그것을 알고 있다고 생각하기 때문이다.
> the wind, the weather, the window, the table, the kitchen…

Exercise

명사 앞에 오는 표현들의 순서에 유의하여 영작 해 보세요.

1) 이 모든 책들이 너의 것이다.
2) 예쁜 이 아이가 내 딸이다.
3) 내가 너에게 저 재미있는 책을 사주겠다.
4) 그녀는 그녀의 모든 돈을 썼다.
5) 이것들이 내가 산 두 권의 책들이다.

답:
명사 앞의 다음 단어들은 항상 같은 순서로만 적는다.
A. (all/both) + B. (a/the/my/this) + C. 수 + 형용사 + 명사

1) <u>이 모든</u> 책들이 너의 것이다.
   All these books are yours.

2) <u>예쁜 이</u> 아이가 내 딸이다.
   This pretty kid is my daughter.

3) 내가 너에게 <u>저 재미있는</u> 책을 사주겠다.
   I will buy you that interesting book.

4) 그녀는 <u>그녀의 모든</u> 돈을 썼다.
   She spent all her money.

5) 이것들이 내가 산 <u>두 권의</u> 책들이다.
   These are the two books (that I bought).

Mistakes

한글	영어로 틀리는 순서	영어로 맞는 영작
이 모든 책들	this all book	all these books
예쁜 이 아이	pretty this kid	this pretty kid
커피 하나	coffee one	a coffee

영작의 달인이 되는 비법

한국인들이 10년을 배워도 잘 못쓰는 현재완료의 영작은 단지 3분만 배워도 박사처럼 잘 할 수 있게 된다. 현재완료를 완료 용법, 결과 용법 등으로 배우지 마라.
~ 3분 완성

7. 시제

… 단지 몇 초면 배운다.

- 과거의 표현 ("ㅆ"과 "동사 ed")
- 미래의 표현 ("ㄹ거"와 "will")
- 현재의 표현
- 진행의 표현 ("고 있다/중이다"와 "be+동사 ing")
- 현재완료

7.1. 과거의 표현 ("ㅆ"과 "동사 ed")

3분 비법 (과거 시제) 의 영작

> 한글의 과거는 "ㅆ"이고, 영어의 과거는 "동사 ed"이다.

과거시제 찾기:
한글에서 과거의 표현은 "…다" 에 있으며 "ㅆ"이 있다. (걸었다, 일했다)

과거 시제의 영작하기:
영어의 과거는 "동사+ed"로 만든다. ☞ p.14
걷다　　　walk　…　걸었다　　walk**ed**
일한다　　work　…　일했다　　work**ed**

예:
1) 말**했**다　　　　　　　　talk**ed**
2) 그녀는 귀여**웠**다.　　　　She **was** cute.
3) 그들은 의사**였**다.　　　　They **were** doctors.

7.2. 미래의 표현 ("ㄹ거"와 "will")

3분 비법 (미래 시제) 의 영작

> 한글의 미래는 "ㄹ거"이고, 영어의 미래는 "will +동사"이다.

미래 시제 찾기:
한글에서 미래는 "…다" 에 "ㄹ거"가 들어 있다. (걸을 거다, 일할 거다)

미래 시제의 영작하기:
미래의 표현은 동사의 앞에 will 을 쓴다.(will+동사)
1) 걸을 거다　　　　　　　**will** walk
2) 일할 거다　　　　　　　**will** work

예:
1) 말할 거다　　　　　　　**will** talk
2) 그녀는 귀여울 거다.　　　She **will be** cute.
3) 그들은 의사가 될 거다.　　They **will be** doctors.

Exercise

시제에 유의하여 영작 해 보세요.

1) 나는 그것을 벌써 먹었다.
2) 그는 내일 우유를 마실 것이다.
3) 나는 내일 그를 만나겠다.
4) 그는 10년 전에 미국에 갔다.
5) 나는 그를 그 책방에 데리고 갔다.
6) 그는 1달 전에 대통령으로 당선되었다.
7) 나는 10분전에 내 숙제를 끝냈다.
8) 우리는 그를 대통령으로 선출했다.

답:

1) I already ate it.
2) He will drink milk tomorrow.
3) I will meet him tomorrow.
4) He went to America 10 years ago.
5) I took him to the bookstore.
6) He was elected president one month ago.
7) I finished my homework 10 minutes ago.
8) We elected him president.
   We have elected him president.

Tips

질문: will 대신 미래를 나타내는 다른 표현은 없나요?
답: 미래의 표현은 will 대신 다른 표현을 사용할 수 있다.

be going to 동사 : ~ㄹ거	
그녀는 내일 공부를 할거다.	She is going to study tomorrow.
나는 1시에 그를 만날 거다.	I am going to meet him at 1 o'clock.
be about to 동사 : 곧 ~ㄹ거다	
나는 곧 그녀를 만날 거다.	I am about to meet her soon.
나는 곧 떠날 거다.	I am about to leave.
be to 동사 : ~로 계획/예정되어 있다.	
우리는 곧 결혼하기로 예정되어 있다.	We are to get married soon.

7.3. 현재의 표현

3분 비법 (현재 시제)의 영작

> 한글이나 영어의 현재는 과거나 미래가 아닌 경우다.

현재 시제 찾기: 한글에서 현재는 과거 (ㅆ)나 미래 (ㄹ거)가 아닌 경우다.
영어의 현재는 동사에 …ed 가 없고, will 도 없는 경우다.

현재 시제의 영작하기: 동사의 현재는 두 가지
(be 동사와 have 는 불규칙 변화)   ☞ p.11, 13
1) 걷다   walk, walks   ☞ p.14
2) 일한다   work, works
3) 말한다   talk, talks

7.4. 진행의 표현 ("고 있다/중이다"와 "be +동사 ing")

3분 비법 (진행)의 영작

> 한글의 진행은 "~고 있다/~중이다", 영어는 "be +동사 ing"이다.

한글에서 진행 찾기: 한글의 진행은 "~고 있다/중이다"의 표현을 찾는다.
1) 현재 진행: ~고 있다   … be (am, are, is) +동사 ing
2) 과거 진행: ~고 있었다   … be (was, were) +동사 ing
3) 미래 진행: ~고 있을 거다   … will be +동사 ing

진행의 영작하기: 영어는 "be +동사 ing"이다.
1) 나는 걷고 있다.   I am walking.
2) 나는 걷고 있었다.   I was walking.
3) 나는 걷고 있을 거다.   I will be walking.

4) 그는 일하고 있다.   He is working.
5) 그는 일하고 있었다.   He was working.
6) 그는 일하고 있을 거다.   He will be working.

7) 그들은 말하고 있다.   They are talking.
8) 그들은 말하고 있었다.   They were talking.
9) 그들은 말하고 있을 거다.   They will be talking.

Exercise

시제에 유의하여 영작 해 보세요.

1) 나는 그 책을 읽고 있다. (읽는 중이다)
2) 나는 그 책을 읽고 있었다. (읽는 중이었다)
3) 지금은 12 시다.
4) 서울은 한국의 수도다.
5) 곤충들은 날개가 있다.
6) 지구는 태양의 주위를 돈다.
7) 나는 영어를 잘 하려고 공부하고 있다.
8) 네가 내 방에 들어올 때 나는 TV 를 보고 있었다.   when
9) 나는 지금 기분이 좋지 않다.   am feeling
10) 나는 차를 한대 가지고 있다.   have
11) 피터는 뉴질랜드에 거주한다.
12) 피터는 뉴질랜드에 살고 있다.
13) 나는 지금 아침을 먹고 있다.
14) 그는 지금 공부하고 있는 중이다.
15) 나는 지금 즐거운 시간을 가지고 있다.

답:
(…고 있다/…중이다) 는 진행

be 동사의 변화
현재: am, are, is
과거: was, were
미래: will be

1) I am reading the book.
2) I was reading the book.
3) It's 12 o'clock.
4) Seoul is the capital of Korea.
5) Insects have wings.
6) The earth revolves around the sun.
7) I am studying to improve my English.
8) When you entered my room, I was watching TV.
9) I am not feeling well now.
10) I have a car.
11) Peter lives in New Zealand.
12) Peter is living in New Zealand.
13) I am eating breakfast now.
14) He is studying now.
15) I am having a good time now.

7.5. 현재완료

3분 비법 한국인들이 잘못하는 현재완료를 영작하는 비법

> 다음 세가지는 전부 영어의 현재완료로 쓴다. (have +동사 ed)
>
> A. "ㅆ" 걸었다, 죽었다, 샀다
> B. "~동안 ~고 있다"/ "~부터 ~고 있다" 세 시간 **동안** 일하고 있다
> C. "~적이 있다" 말한 **적이** 있다

현재완료 찾기:
A. "ㅆ", B. "~동안 ~고 있다"/"~부터 ~고 있다", C. "~적이 있다"는 모두 현재완료이다.

현재완료의 영작 법:
A. B. C. 세 표현을 모두 "**have (has)+동사 ed** (과거 분사)"로 영작한다.

A. "ㅆ"

1) 우리는 방금 걸었다. We just **have** walk**ed**.

2) 나는 오늘 그 책을 읽었다. I**'ve read** the book today. ('ve = have)

3) 나는 금주에 그를 만났다. I **have seen** him this week.

B. "~동안 ~고 있다" = "부터 ~고 있다"

1) 우리는 세 시간 **동안** 일하고 **있다**. We **have** work**ed** for three hours.

2) 나는 6년 **동안** 런던에 살고 **있다**. I have lived in London for six years.

3) 나는 1992 년**부터** 런던에서 살고 있다. I have lived in London since 1992.
   = (…동안 …고 있다)

C. "~적이 있다"

1) 그는 그 사람과 말한 **적이** 있다. He **has** talk**ed** with him.

2) 나는 전에 차를 운전한 **적이** 전혀 없다. I **have** never **driven** a car before.

Exercise

현재완료에 주의하여 영작 해 보세요.

1) 그는 그것을 본 적이 있다.
2) 나는 한 시간 동안 계속 걷고 있다.
3) 나는 5년 동안 영어를 공부하고 있다.
4) 나는 방금 나의 숙제를 끝냈다.
5) 나는 방금 도착했다.
6) 나는 10 개월 동안 담배를 피우지 않고 있다.

답:
현재완료가 되는 표현에 유의하여 영작한다.

1) He has seen it.
2) I have walked for an hour.
3) I have studied English for five years.
4) I have just finished my homework.
5) I have just arrived.
6) I haven't smoked for ten months.

Mistakes

한글	틀린 영작	맞는 영작
나는 <u>어제</u> 한대의 컴퓨터를 <u>샀</u>다.	I have bought···	I bought a computer···
나는 <u>방금</u> 한대의 컴퓨터를 <u>샀</u>다.	I bought ..	I have just bought···.
나는 내일 한대의 컴퓨터를 <u>살</u> 거야.	I buy···	I will buy···
나는 지금 운동하<u>고 있</u>다.	I exercise ···	I am exercising···.

설명: 한글의 "ㅆ"은 과거시제와 현재완료로 쓸 수 있다
과거의 표현이 있으면 과거 시제를 써야 한다. (어제)
현재완료의 표현이 있으면 현재완료를 쓴다. (방금)

Tips

질문: 한글은 과거나 현재완료나 ("ㅆ")을 쓰나요?
답: 한글은 같이 "ㅆ"을 쓴다. 그러나 영어는 과거 또는 현재완료로 구분하여 적는다.
과거로 써야 하는 한글: 그는 2년 **전**에 죽었다.   (2년 전 … 과거의 표현)
현재완료로 써야 하는 한글: 그는 **방금** 죽었다.   (방금 … 영어에서는 현재완료의 표현)

질문: have 의 변화   ☞ p.11

영작의 달인이 되는 비법

> 영어의 조동사는 한글에서는 동사에 같이 들어 있다.
> 먹다 ~ 먹을 거다, 먹을 수 있다, 먹어도 된다….
>
> 언어는 규칙에 의해 쓰여진다.
> 한글이나 영어나 이 점은 똑 같다.
> 2 가지 언어에 적용되는 이 규칙들을 연결하여 이해할 수 있으면 영어를 쉽게 정복할 수 있다.

8. 조동사

- 조동사 찾기
- 조동사의 영작

8.1. 조동사 찾기

3분 비법 한글에서 조동사를 찾는 방법

한글의 조동사는 "…다"에 있고, 영어의 조동사는 동사 앞에 있다.

조동사의 종류: 많이 사용되는 조동사와 많이 쓰이는 의미는 다음 4 가지다.
A. will   "ㄹ거" (미래), "겠" (의지)
B. can   ~수 있다 (가능)
C. must, should   ~야 한다 (강제)
D. may   ~도 된다 (허락)

조동사를 적는 순서: 영어에서 조동사는 동사의 앞에 적는다. (조동사 +동사)
먹을 거다   will eat
먹겠다   will eat

8.2. 조동사의 영작

A. will … "ㄹ거" (미래), "겠"(의지)

3분 비법 will 의 영작

미래 (ㄹ거)나 의지 (겠)는 둘 다 will 을 쓴다.

한글에서 will 을 찾는 법:
한글의 "~다"에서 "ㄹ거" (미래), "겠" (의지)을 찾는다. 예: 먹을 거다, 먹겠다

영어로 적는 법:
"ㄹ거", "겠"의 두 가지 표현은 둘 다 will 로 적는다.
1) 잠잘 거다   will sleep
2) 잠자겠다   will sleep

공손한 표현: would 는 will 의 과거형이나 will 보다 더 공손한 표현에도 사용된다.
         could 도 can 의 과거형이나 더 공손한 표현을 할 때에도 사용된다.

1) 청을 하나 들어 주시겠어요?   Would you do me a favor?
                              Could you do me a favor?
2) 이 상자를 열어 주시겠어요?   Would you open this box?
                              Could you open this box?

Exercise

미래 및 의지의 의미에 주의하여 영작 해 보세요.

1) 나는 7시에 일어나겠다.
2) 그녀는 내일 공부할거다.
3) 우리는 내일 축구를 할거다.
4) 나는 영어를 열심히 공부하겠다.
5) 그 문서를 나에게 email 로 보내주시겠습니까?
6) 그 창문 좀 열어 주시겠습니까?
7) 그 서류를 영어로 번역해 주시겠습니까?
8) 그 편지를 나에게 보여주시겠어요?

답:
"…시겠습니까?"는 공손한 표현

1) 나는 (7시에) 일어나겠다.
   I will wake up (at seven o'clock).

2) 그녀는 내일 공부할거다.
   She will study tomorrow.

3) 우리는 내일 축구를 할거다.
   We will play soccer tomorrow.

4) 나는 영어를 열심히 공부하겠다.
   I will study English hard.

5) 그 문서를 나에게 email 로 보내주시겠습니까?
   Would you send me the document by email?

6) 그 창문 좀 열어 주시겠습니까?
   Would you open the window?

7) 그 서류를 영어로 번역해 주시겠습니까?
   Would you translate the document into English?

8) 그 편지를 나에게 보여주시겠어요?
   Would you show me the letter?

B. can   ~수 있다 (가능)

3분 비법   can 의 영작

한글의 가능(~수 있다)의 의미는 can 을 쓴다.

한글에서 찾는 법:
한글의 "~다"에서 "~수 있다"를 찾으면 된다. 예: 먹을 수 있다

영어로 적는 법:
"~수 있다"는 영어로 "can" 또는 "be able to 동사"이다.
"~수 없다"는 "can not" 또는 "be unable to 동사"이다.

예:

1) 잠잘 수 있다   **can** sleep
   be able to sleep

2) 공부할 수 있다   **can** study
   be able to study

3) 먹을 수 없다   **can** not eat
   be unable to eat

4) 우리는 (학교에) 갈 수 있다.
   We can go (to school).
   We are able to go (to school).

5) 그는 그것을 살 수 있다.
   He can buy it.
   He is able to buy it.

6) 우리는 그들에게 쌀을 줄 수 있다.
   We can give them rice.
   We are able to give them rice.

7) 우리는/ ((물체의) 길이를 재기 위하여) 자를 이용할 수 있다.
   We can use a ruler (to measure the length) (of an object).

Exercise

괄호를 하고 영어로 적어 보세요.

1) 너는 그 시험을 통과할 수 있다.
2) 나는 감자들을 캐기 위해 나의 정원에 지금 나갈 수 있다.
3) 사냥하는 동물들은 그들의 먹이를 찾을 수 있다. 찾다 look for…
4) 그는 그의 지혜로 그의 가족을 먹일 수 없다. 그는 돈이 필요하다.
5) 우리는 내일까지 그 프로젝트를 완성할 수 있다.
6) 우리는 내일까지 그 프로젝트를 완성할 수 없다. can not, be unable to
7) 그는 그의 재물로 그의 부인과 아들을 놀라게 할 수 있었다. 과거 could
8) 내가 알고자 하는 것은 우리가 어디에서 그것을 살 수 있는 가이다.

답:

1) 너는/ 그 시험을 통과할 수 있다.
   You can pass the exam.
   You are able to pass the exam.

2) 나는/ (감자들을 캐기 위해) (나의 정원에) 지금 나갈 수 있다.
   I can go out (to my garden) (to dig potatoes) now.

3) (사냥하는 동물들)은/ 그들의 먹이를 찾을 수 있다.
   (Hunting animals) can look for their prey.

4) 그는/ (그의 지혜로) 그의 가족을 먹일 수 없다. 그는/ 돈이 필요하다.
   He can't feed his family (with his wisdom). He needs money.

5) 우리는/ (내일까지) 그 프로젝트를 완성할 수 있다.
   We can complete the project (by tomorrow).
   We are able to complete the project (by tomorrow).

6) 우리는/ (내일까지) 그 프로젝트를 완성할 수 없다.
   We cannot complete the project (by tomorrow).
   We are unable to complete the project (by tomorrow).

7) 그는/ (그의 재물로) 그의 부인과 아들을 놀라게 할 수 있었다.
   He could surprise his wife and son (with his fortune).

8) (내가/ 알고자 하는 것) 은 (우리가/ 어디에서 그것을 살 수 있는 가) 이다.
   (What I want to know) is (where we can buy it).

C. must, should ~야 한다 (강제)

3분 비법 must 와 should 의 영작

강제 "~야 한다"가 있으면, must 나 should 를 쓴다.

영어로 적는 법: "~야 한다"는 must 또는 should 로 한다.
1) 잠자야 한다   must sleep, should sleep
    그는 지금 잠자야 한다.   He **must** sleep now.
                                        He **should** sleep now.

2) 공부해야 한다   must study, should study
    너는 지금 공부해야 한다.   You **must** study now.
                                       You **should** study now.

3) 도와야 한다   must help, should help
    우리는 가난한 자들을 도와야 한다.   We **must** help the poor.
                                         We **should** help the poor.

D. may ~도 된다 (허락)

3분 비법 may 의 영작

허락 "~도 된다"가 있으면, may 를 쓴다.

한글에서 찾는 법:
한글의 "~다"에서 "~도 된다"를 찾으면 된다. (잠자도 된다. 먹어도 된다)

영어로 적는 법: "~도 된다"는 **may** 로 영작한다.

1) 잠자도 된다   **may** sleep
2) 가도 된다   may go
3) 먹어도 된다   may eat
4) 너는 지금 (화장실에) 가도 된다.   You may go (to the toilet) now.
5) 너는 지금 컴퓨터 하나를 사도 된다.   You may buy a computer now.
6) 그녀는 (10 시에) 피아노를 쳐도 된다.   She may play the piano (at 10 o'clock).

Exercise

must, should 의 의미에 주의하여 영작 해 보세요.

1) 그 사막에 사는 동물들은 물을 찾아야 합니다.
2) 더운 사막에 사는 동물들은, 그늘에서 머물러야 합니다.
3) 너는 이 알약을 먹어야 한다.
4) 이것에 사인을 하셔야 합니다.
5) 그 사냥꾼은 살아 남기 위하여 그 동물을 잡아야 한다.
6) 당신은 이제 한국에 돌아가셔도 됩니다.
7) 선생님, 화장실에 가도 되나요? (학교에서)

답:
1) ((그 사막에) 사는) 동물들은/ 물을 찾아야 합니다.
   Animals (living) (in the desert)/ must find water.

2) (더운 사막에) (사는) 동물들)은/ (그늘에서) 머물러야 합니다.
   Animals (living) (in hot deserts)/ must stay (in the shade).

3) 너는/ 이 알약을 먹어야 한다.
   You/ should take this tablet.

4) 이것에 사인을 하셔야 합니다.
   You/ should sign this.

5) 그 사냥꾼은/ (살아 남기 위하여) 그 동물을 잡아야 한다.
   The hunter/ has to catch the animal (to survive).

6) 당신은/ 이제 (한국에) 돌아가셔도 됩니다.
   You/ may go back to Korea now.

7) 선생님, 화장실에 가도 되나요? (학교에서)
   Miss, May I go to the toilet?

Tips

문법: will, can, may, shall, must 의 과거형

현재	… 과거	현재	… 과거
will	… would	may	… might
can	… could	shall	… should
must	… must		

영작의 달인이 되는 비법

한국인들이 혼동하는 가정법의 이해 ~ 단지 3분이면 끝낸다.

"내 통장에 내일 100만원이 들어오면..."은 가정법일까? 아닐까? ~ 1분만 배워도 정답을 정확히 알 수 있다.

9. …면 (if…)

- 면 (if)을 찾는 법 … 3 초면 배운다.

- 면 (if)의 영작   …한글과 영어는 다르게 쓴다. … 3 분 비법

9.1. …면 (if) 을 찾는 법… 3초면 배운다.

3분 비법 한글에서 if~를 찾는 방법

> 한글의 "~면"은 영어로 if~로 쓴다.

한글에서 if 를 찾는 법:
한글에서 (~면)을 찾는다.

1) (체온이 떨어지**면**), 너는 추위를 느낄 거다.
2) (물이 끓으**면**), 그것은 수증기로 증발한다.
3) (기온이 0 도 이하로 내려가**면**) 얼음이 생긴다.
4) (삼각형의 내각을 더하**면**) 180 도가 된다.

5) (내가 신이라**면**), 나는 너를 부자로 만들어 줄 터인데.
6) (내가 태양이라**면**), 나는 인간들에게 더 많은 빛을 줄 터인데.
7) (내가 너였다**면**), 나는 세계여행을 했을 터인데.
8) (내가 미국의 대통령이었다**면**), 이라크전쟁을 시작하지 않았을 터인데.

영어로 적는 법:
한글의 (~면)은 영어는 if 를 쓰면 되나,
영어로 적을 때는 항상 두 가지 상황 A. B 로 구분하고 다르게 영작한다.
A. "일어 날 수 있는 일 or 진실"
B. "일어 나지 않을 일" or "일어 나지 않은 일"

앞의 예에서 1)~ 4)는 "일어 날 수 있는 일 or 진실"이고,
5)~ 8)은 "일어 나지 않을 일/ 일어나지 않은 일"이다.

Tips

요점: "일어 날지 안 일어 날지"는 글을 쓰는 사람의 생각이다.
　　　일어날 일인지, 일어나지 않을 일인지의 구분은 글을 쓰는 사람이 결정하는 것이다.
　　　예를 들어, "내가 시간이 충분하**면**"은 사람에 따라, 불가능하거나 가능하거나 한다.

문법: 문법용어
　　　5)~ 8)은 "일어 나지 않을 일/ 일어나지 않은 일" 만을 적었는데, 이러한 표현을
　　　가정법이라고 한다. 보통 if~를 사용하여 표현한다. (if~, ~)

Exercise

If 를 쓰는 표현 (…면)에 유의하여 영작 해 보세요.

1) 해가 떨어지면 기온이 떨어진다.
2) 해가 떨어지면 기온이 떨어질 거야.

3) 날씨가 좋으면, 우리는 소풍을 갈 거야. (일어날 수 있는 일이라면)
4) 날씨가 좋으면, 우리는 소풍을 갈 터인데. (일어나지 않을 일이라면~가정법)

5) 다음 단어가 자음으로 시작되면 "a"를 사용하세요.

답:
☞ p.92, 94

1) (해가/ 떨어지면) 기온이/ 떨어진다. (진실… 자연 현상)
   (If the sun/ sets), the temperature/ drops.

2) (해가/ 떨어지면) 기온이/ 떨어 질 거야. (진실… 자연 현상)
   (If the sun/ sets), the temperature/ will drop.

3) (날씨가 좋으면), 우리는/ 소풍을 갈 거야. (일어날 수 있는 일이라면)
   (If the weather/ is good), we/ will go on a picnic.

4) (날씨가/ 좋으면), 우리는/ 소풍을 갈 터인데. (일어나지 않을 일이라면)
   (If the weather/ were good), we/ would go on a picnic.

5) (다음 단어가/ (자음으로) 시작되면) "a"를 사용하세요. (진실)
   Use "a" (if the next word/ begins (with a consonant sound)).

Tips

질문: "내가 신이라면, If I were God,"는 "was"가 맞지 않나요?
답: 좋은 지적입니다. I am 은 과거가 I was 가 되어야 하나,
가정 (일어나지 않을 일)을 적을 때는, be 동사의 과거는 항상 were 만 사용합니다.
그러나 구어체에서는 was 를 쓰기도 합니다. (I wish I was a doctor.)

문법: 영어의 가정법
영어로 if 를 쓰는 경우는 다음 두 가지이며 이 중 2)의 경우만을 가정법이라고 한다.
1) "일어 날 수 있는 일 or 진실" … 해가 지면, 온도가 내려간다.
2) "일어 나지 않을 일/않은 일" … 내가 너라면, 나는 대학을 갈 터인데.

9.2. …면 (if) 의 영작… 한글과 영어는 다르게 쓴다… 3 분 비법

A. "일어 날 수 있는 일 or 진실"

3분 비법 "일어날 수 있는 일 or 진실"의 영작

"일어 날 수 있는 일 or 진실"은 if (~면)에 동사의 현재형을 쓴다. (가정이 아님)

…면 (if) 의 영작 법: "일어 날 수 있는 일 or 진실"은 괄호 (if…)를 사용하여 한글과 영어를 똑 같이 현재시제로 적는다.

(비가/ 내리면), 온도가/내려간다. (If the rain/ **falls**), the temperature/ **drops**.

(해가 뜨**면**), 온도가 올라 갈 거다. (If the sun **rises**), the temperature will rise.

예:
3)은 "일어날 수 있는 일"인 1), 2)는 "진실"을 말하여, if~는 현재 시제다.

1) (만약 너의 체온이 떨어지면), 너는 추위를 느낄 거다.
(If your body temperature **drops**), you will feel cold.

2) (물이 끓으면), 그것은 증발한다. ("끓으면" 과 "증발한다" 는 둘 다 현재형)
(If water **boils**), it evaporates.

3) (네가 오면), 내가 너에게 점심을 사겠다.
(If you **come**), I will buy you lunch.

3분 비법 과거에 빈번히 일어 나는 일

과거에 빈번히 일어 나는 일은 한글과 영어 똑 같이 if~를 과거로 적는다. (가정이 아님)

~면 (if) 의 영작 법: 과거에 빈번히 일어 나는 일은 한글과 영어가 같이 과거다.

1) (누가 나를 방문하면), 나는 보통 몇 시간 동안 그들과 말을 했다.
(If anyone **visited** me), I usually **talked** with them for several hours.

2) (날씨가 좋으면), 우리는 공원에 가서 풀 위에 앉았다.
(If the whether **was** fine), we **went** to the park and **sat** on the grass.

Exercise

일어날 수 있는 일, 진실에 대해 유의하여 영작 해 보세요.

1) 그가 열심히 공부한다면, 그는 그 시험을 통과할거다.

2) 모양이 삼각형이면, 그것은 세 개의 각이 있다.

3) 그녀가 집에 있다면, 그녀는 아마 그녀의 숙제를 끝냈을 거다.

4) 나는 네가 그 시험을 통과하기를 바란다.

답:
1) (If he/ studies hard), he/ will pass the exam.

2) (If a figure/ is a triangle), it/ has three angles.

3) (If she/ is at home), she/ has probably finished her homework.

4) I/ hope (you/ will pass the exam).
 I/wish (that you/ passed the exam). wish 의 용법 ☞ p.93 box

Mistakes

한글	영어로 틀리는 순서	영어로 맞는 영작
(모양이 삼각형이면), 그것은 세 개의 각이 있다	(If a figure were a triangle), ……	(If a figure is a triangle), ……
(내가 너라면)	(If I am you)	(If I were you)

Tips

요점: 현재 표현으로 쓸 수 없고, 항상 과거 표현으로만 쓰는 영어 (가정법의 표현)

1) wish 바라다
   나는 네가 의사이기를 바란다.   I wish that you <u>were</u> a doctor.
   그러나 hope (바라다)는 wish 와 같은 의미이지만, 현재로도 쓰인다.
   나는 그가 의사이기를 바란다.   I hope that he is a doctor.
   나는 네가 의사가 되기를 바란다. I hope that you will be a doctor.
                              I wish that you <u>would</u> be a doctor.

2) what if … 면 … 까?
   우리의 숲들이 쓰레기 처리장들로 되면 어떨까?
   What if our forests <u>became</u> garbage dumps.

3) it's time … 때이다
   네가 잠자러 가는 시간이다.
   It's time that you <u>went</u> to bed.

B. "일어 나지 않을 일"과, "일어나지 않은 일"

3분 비법 현재, 미래에 "일어 나지 않을 일"을 영작 하기

현재, 미래에 일어나지 않을 일을 가정하면,
한글은 현재, 영어는 과거(동사 ed)로 한다.

…면 (if) 의 영작 법: 현재, 미래에 "일어 나지 않을 일"은
영어의 괄호(if~)를 과거로 적는다. (한글은 현재)

한글: (…현재시제 +~면), …   예: 내가 너라면
영어: (if… 과거시제…), … would….   예: If I were you

1) 현재에 일어나지 않는 일을 가정
   다음의 예는 일어나지 않을 일을 가정하므로, 영어는 if…가 과거로 쓰인다.

   (내가/ 신이라면), 나는 너에게 아름다움을 줄 터인데.
   (If I /**were** God), I **would** give you beauty.

2) 미래에 일어나지 않을 일을 가정
   다음의 예는 일어나지 않을 일을 가정하므로, 영어는 if…가 과거로 쓰인다.

   (내가/ 대통령이 된다면), 나는 너를 장관으로 임명할 터인데.
   (If I /**became** president), I **would** appoint you a minister.

3분 비법 과거에 "일어 나지 않은 일"의 영작

과거에 일어나지 않은 일을 가정하면,
한글은 과거로 쓰나, 영어 (if~)는 과거완료 (had +동사 ed)로 쓴다.

…면 (if)의 영작 법: <u>과거에</u> 없었던 일이 있었다고 가정할 때,
영어로는 반드시 정해진 형태로 적는다. (if +<u>(had +동사 ed))</u>
한글: (…과거시제…~면), ….
영어: (if… 과거완료 <u>(had +동사 ed)</u>…), …would + 현재완료 (have +<u>동사 ed</u>)

다음의 예는 과거에 일어나지 않은 일을 가정하여, "if…"에 had+동사 ed 를 쓴다.
1) (내가/ 그를 만났다면), 나는/ 부자가 되었을 터인데.
   (If I /had met him), I /would have been rich.

2) (내가 /대통령이었다면), 나는 너에게 차 한대를 주었을 터인데.
   (If I/had been president), I /would have given you a car.

Exercise

다음을 비교하면서 영작 해 보세요.

1) 내가 너라**면**, 나는 선생님이 될 거다.
2) 내가 너**였다면**, 나는 선생님이 되었을 거다.

3) 내가 10 억 원을 가지고 있다**면**, 나는 너에게 백만원을 줄 터인데.
4) 내가 10 억 원을 가지고 있**었다면**, 나는 그 집을 **샀**을 터인데.

5) 날씨가 좋았다**면**, 나는 축구를 했을 거야.

답:

1) (내가 너라면), 나는 선생님이 **될** 거다.
   (If I **were** you), I **would** become a teacher.

2) (내가/ 너였다면), 나는/ 선생님이 되었을 거다.
   (If I/ **had been** you), I /**would have** become a teacher.

3) (내가/ 10 억 원을 가지고 있다면), 나는/ 너에게 백만원을 줄 터인데.
   (If I/ **had** one billion won), I/ **would** give you one million won.

4) (내가/ 10 억 원을 가지고 있**었다면**), 나는/ 그 집을 **샀**을 터인데.
   (If I/**had had** one billion won), I/ **would have bought** the house.

5) (날씨가/ 좋았다면), 나는/ 축구를 했을 거야.
   (If the weather/ **had been** fine), I/ **would have played** soccer.

Tips

요점: "현재나 미래"에 "<u>일어나지 않을 일</u>"과 과거에 "<u>일어나지 않은 일</u>"의 차이

(하늘이/ 무너지**면**), 우리는/ 죽을 거다.
(If the sky **fell**), we **would** die.

(하늘이/ 무너**졌다면**), 우리는/ 죽었을 거다.
(If the sky/ **had fallen**), we/ **would have died**.

영작의 달인이 되는 비법

영어는 수동태의 형태가 아니어도, 한글은 수동태로 적는 경우가 있다. ~ 3 분 완성

"그 유리창이 깨졌다."는 영어로는 수동태로 써야 할까? 이 답을 "그렇다."고 대답하면 꼭 정답이라고 할 수 <u>없다</u>. ~ 단지 3 분만 배워도 정답을 알고, 영어로 적을 수 있다.

10. 수동태

…"~을 당하다"의 의미

- 수동태 찾기 및 적기
- 주의 할 수동태 적기

10.1. 수동태 찾기 및 적기

3분 비법 수동태 찾기 및 영작

한글의 "히, 리, 지, 되다, 당하다"는 영어로 "be + 동사 ed"로 쓴다.

수동태 찾는 법: 한글의 동사에 "히, 리, 지, 되다, 당하다"가 있는 것이 수동태이다.

1) 먹**히**다, 잡히다, 씹히다
2) 불**리**다
3) 걸러**지**다, 밝혀지다, 고쳐지다
4) 정수**되**다, 미화되다, 정화되다
5) 도둑질을 **당하**다. 강탈 당하다

수동태를 영어로 적는 법: "be +동사 ed"로 적는다.

1) 작은 고기들은 큰 고기들에게 먹힌다.　　be + eaten eat-ate-eaten
   Small fish <u>are eaten</u> by big fish.

2) 이것은/ smelting 이라고 불립니다.　　be +called
   This/ is called smelting.

3) 그 물은 여기서 걸러진다.　　be +filtered
   The water <u>is filtered</u> here.

4) 그 오염된 물은 여기서 정수 된다.　　be purified, purify-purified-purified
   The contaminated water <u>is purified</u> here.

5) 그 물은 여기서 정수되었다.
   The water <u>was purified</u> here.

6) 어제 나의 computer 를 도둑질 당했다. be +stolen
   My computer was stolen yesterday.

Exercise

수동태에 유의하여 영작하여 보세요.

1) 미국의 캘리포니아에서, 전력을 생산하기 위하여 바람이 이용되고 있습니다.
   전력 electricity, 생산하다 produce
2) 그 닭은 호랑이들에 의해 먹히었다.   be + eaten
3) 이것은 mining 이라고 불립니다.
4) 바람은 재생되는 에너지원으로 불립니다.
5) 램프들은 B.C1000 년 경에 처음으로 만들어 졌다.
6) 당신이 볼 수 있는 모든 것은 물질로 만들어져 있다.
   물질 matter,
   …로 만들어지다 be made of
7) Archimedes 는 그 왕관이 금으로 만들어진 것을 알았다.

답:

1) 미국의 (캘리포니아에서), (전력을 생산하기 위하여) 바람이/ 이용<u>되고</u> 있습니다.
   (In California, USA), wind/ is used (to produce electricity).

2) 그 닭은 호랑이들에 의해 <u>먹히었다</u>.
   The chicken <u>was eaten</u> by tigers.

3) 이것은/ mining 이라고 <u>불립니다</u>.
   This/ is called mining.

4) 바람은/ 재생되는 에너지원으로 <u>불립니다</u>.
   The wind/ is called renewable energy sources

5) 램프들은/ (기원 전 1000 년 경에) 처음으로 <u>만들어 졌다</u>.
   Lamps/ were first made (in around 1,000 B.C.).

6) (당신이 볼 수 있는) 모든 것은/ (물질로) <u>만들어져</u> 있다.
   Everything (you can see) is made of matter.

7) Archimedes 는/ (그 왕관이/ 금으로 <u>만들어진</u> 것) 을 알았다.
   Archimedes knew (that the crown was made of gold).

10.2. 주의 할 수동태 적기

3분 비법   한글과 다른 영어

한글은 수동태로 보이나, 영어는 수동태로 적지 않아도 되는 동사가 있다.

한글은 수동태로 쓰여있지만, 영어로는 수동태로 쓰지 않아도 되는 동사들이 있다. 이러한 영어의 동사들은 원래 수동의 의미를 가지고 있다.

open 열다, 열리다,
change 바꾸다, 바꿘다,
start 시작하다, 시작되다
finish 끝내다, 끝나다,
crash 부딪치다,

close 닫다, 닫히다,
slow 늦추다, 느려지다,
continue 계속하다, 계속되다,
stop 멈추다, 멈추어지다

break 부수다, 부서지다,
begin 시작하다, 시작되다,

cook 요리하다, 요리되다,

예: open 과 break 를 예로 들어 설명하면,

Open 의 예:

1) 그 문은 12 시에 열린다.
   The door opens at twelve.

   비교:
   그 문은 오늘 아침에 열렸다.
   The door was opened this morning.

2) 나는 그 문을 열었다.
   I opened the door.

break 의 예:

1) 그 유리는 부서졌다.
   The glass broke.

   비교:
   그 유리는 그 사람에 의해 부서졌다.
   The glass was broken by the man.

2) 나는 그 유리를 깼다.
   I broke the glass.

Exercise

수동태에 유의하여 영작하여 보세요.

1) 그 은행은 매일 9시에 열린다.
2) 그 은행은 오후 4시 반에 닫힌다.
3) 그것은 매일 그 경비원에 의해 열린다.
4) 우리는 그 문을 10시에 닫았다.
5) 그 문은 매일 내 동생에 의해 닫힌다.
6) 그것은 매일 바뀐다.
7) 그것은 그 아이들에 의해 매일 바뀌었다.

답:

1) 그 은행은 매일 9시에 열린다.
   The bank opens at 9 every day.

2) 그 은행은 오후 4시 반에 닫힌다.
   The bank closes at four-thirty in the afternoon.

3) 그것은 매일 (그 경비원에 의해) 열린다.　　　be + 과거분사
   It is opened (by the guard) every day.

4) 우리는 그 문을 10시에 닫았다.
   We closed the door at 10.

5) 그 문은 매일 (내 동생에 의해) 닫힌다.　　　be + 과거분사
   The door is closed (by my brother) every day.

6) 그것은 매일 바뀐다.
   It changes every day.

7) 그것은 (그 아이들에 의해) 매일 바뀌었다.　　　be + 과거분사
   It was changed (by the kids) every day.

영작의 달인이 되는 비법

혼동되는 비슷한 2개의 문을 영작하는 법을 배우는데 걸리는 시간은 단지 1분.
- 한 마리의 물고기<u>가 있다</u>.
- 그 물고기가 이 통 안<u>에 있다</u>.

11. 주의 할 문형

- "… 이 있다"/ "… 에 있다"

- "나는 <u>그를</u> 정직하다고 믿는다."
  "나는 (<u>그가</u> 정직하다고) 믿는다."

- 주어가 두 개처럼 보이는 문

11.1. "…이 있다"와 "…에 있다"

3분 비법 "… 이 있다"의 영작

한글의 "… 이 있다"는 (there +be 동사)로 적는다.

"… 이 있다"의 영작 법:
한글의 "…이 있다"는 영어로는 "There +be 동사"로 영작한다.

예:

1) 한 개의 사과가 있다.
   There is an apple.

2) 사탕이 있다.
   There is candy.

3) 그러한 것은 없다.
   There is no such thing.

4) 너의 선물이 있다.
   There is your present.

3분 비법 "… 에 있다"의 영작

"… 에 있다"는 be 동사를 쓴다.

"… 에 있다"의 영작 법:
한글의 "… 에 있다"는 영어로는 "be 동사"로 영작한다.

예:

1) 그것은 (이 상자에) 있다.
   It **is** (in this box).

2) 너의 선물이 (이 나무 뒤에) 있다.
   Your gift **is** (behind this tree).

3) 그 사람은 (이 동굴에) 있다.
   He **is** (in this cave).

Exercise

"… 가 있다", "… 에 있다"에 유의하여 영작 해 보세요.

1) 한 마리의 염소가 있다.
2) 책상 위에 여러 개의 공이 있다.
3) 고기를 먹는 식물들이 있다.
4) 세 마리의 강아지가 있다.
5) 이 나무 뒤에 너의 선물이 있다.
6) 동물들을 먹는 식물들이 있다.
7) 여러 개의 공이 책상 위에 있다.
8) 사탕이 내 주머니에 있다.

답:
"…가 있다" = there +be 동사,   "…에 있다" = be 동사 사용

1) 한 마리의 염소<u>가 있다</u>.
   There is a goat.

2) (책상 위에) 여러 개의 공<u>이 있다</u>.
   There are several balls (on the table).

3) (고기를 먹는) 식물들<u>이 있다</u>.
   There are plants (that eat meat).

4) 세 마리의 강아지<u>가 있다</u>.
   There are three puppies.

5) (이 나무 뒤에) 너의 선물<u>이 있다</u>.
   There is your gift (behind this tree).

6) (동물들을 먹는) 식물들<u>이 있다</u>.
   There are plants (that eat animals).

7) 여러 개의 공이 (책상 위<u>에) 있다</u>.
   Several balls are (on the table).

8) 사탕이 내 주머니<u>에 있다</u>.
   Candy is (in my pocket).

Mistakes

한글	잘 틀리는 영작	맞는 영작
책 한 권이 책상 위에 있다.	A book on the table.	There is a book (on the table).

11.2. "나는 그를 정직하다고 믿는다."와
"나는 (그가 정직하다고) 믿는다."

3분 비법

주어가 둘 (동사도 둘)이면 주어 하나는 괄호에 들어 간다.

주어가 두 개인 문: 주어가 둘이고 동사도 둘이면, 괄호가 하나가 있다.

다음 두 가지 문들을 비교하여 영작하면,
나는/ (그가 /정직하다고) 믿었다.　　　I believed (that he was honest).
나는/ 그를 정직하다고 믿었다.　　　　I believed him honest.

나는/ (그가 / 영리하다고) 생각한다.　　I think (that he is smart).
나는/ 그를 영리하다고 생각한다.　　　I think him smart.

11.3. 주어가 두 개처럼 보이는 문

3분 비법

주어가 두 개라도 동사가 하나면, 주어를 하나로 만들어 본다.

1) 나는 그것이 필요하다. = 나는 그것을 <u>필요로 한다</u>.
   I need it. = I want it.　필요로 하다 want, need

2) 아이들은 많은 잠이 필요하다. = 아이들은 많은 잠을 <u>필요로 한다</u>.
   = Kids want plenty of sleep.
   = Kids need plenty of sleep.

3) 그는 친구들이 많다. = 그는 친구들을 많이 <u>가지고 있다</u>.
   He has many friends.

4) 그는 선생님이 되었다. = 그는 선생님<u>이셨다</u>.
   He became a teacher.

5) 나의 아버지는 농부가 되셨다.= 나의 아버지는 농부<u>이셨다</u>.
   My father became a farmer.

Exercise

(필요하다, 많다, 있다, 되다)의 동사에 주의하여 영작 해 보세요.

1) 나는 좋은 컴퓨터 한대가 필요하다.
2) 모든 생명은 물이 필요합니다.
3) 그 집은 페인트 칠이 필요하다.   필요로 한다 want, need
4) 캐나다는 나무들이 많다.
5) 나는 할 일이 많다.
6) 우리는 내일 시험이 있을 거다.
7) 그녀는 변호사가 될 것이다.

답:
주어가 두 개라도 동사가 하나면, 동사를 적당히 바꾸어 주어를 하나로 만든다.

1) 나는/ 좋은 컴퓨터 한대가 필요하다.
   I/ need a good computer.

2) 모든 생명은/ 물이 필요합니다.
   All life/ needs water.

3) 그 집은/ 페인트 칠이 필요하다.
   The house/ needs painting.

4) 캐나다는/ 나무들이 많다.
   Canada/ has a lot of trees.

5) 나는/ 할 일이 많다.
   I/ have many things to do.

6) 우리는/ 내일 시험이 있을 거다.
   We/ will have a test tomorrow.

7) 그녀는/ 변호사가 될 것이다.
   She/ will be a lawyer.

Mistakes

한글	잘 틀리는 영작	맞는 영작
나는 그를 친절하다고 믿었다 나는 (그가 친절하다고) 믿었다	I believed he kind. I believed he kind.	I believed him kind. I believed (that he was kind).
그는 경찰이 되었다	He is became a cop.	He became a cop.

영작의 달인이 되는 비법

한국인들이 많이 혼동하는 아래 형태의 문을 영작하는 법
~ 한번 배우면 죽을 때까지 잊지 않는 영작 비법 ~ 1분 완성

	주어	+동사	+목	+목	+보어?
① 무엇이 너를 슬프게 만드니?	What	+makes		+you	+sad?
② 누가 너에게 물을 주었니?	Who	+gave	+you	+water?	
③ 누가 Peter 이니?	Who	+is			+Peter?
④ 어떤 것이 작니?	Which one	+is			+small?

① ~ ④처럼 wh~ (누구, 무엇 ...)에 "은/는/이/가"가 붙어 있으면
문의 1가지 순서로 쓰고, 물음표를 붙이면 질문이 된다.

똑 같은 표현이 물음표가 없으면 아래와 같이 절이 된다.
나는 (무엇이 너를 슬프게 만드는지)를 알기를 원한다.
I want to know (what +makes +you + sad).

12. 질문 하기

- 질문을 영작하는 두 가지 방법

- do (does, did), be 동사를 이용한 질문

- who, whom, whose, what, which, when, where, why, how 를 이용한 질문

12.1. 질문을 영작하는 두 가지 방법

3분 비법

> 질문은 두 가지 중 하나로 구분하여 영작한다.
> A. 한글에 wh~가 <u>없으면</u>, 문 두에 do (does, did)나 be 동사를 쓴다. ☞ wh~ p.28
> B. 한글에 wh~가 <u>있으면</u>, wh~를 문 두에 쓴다.

질문을 찾는 방법: 한글에서 물음표 (?)가 있으면 영어도 질문으로 영작한다.
1) 당신은 경찰이세요?   Are you a cop?

2) 당신의 어머니는 간호원이세요?   Is your mother a nurse?

3) 당신의 직업은 무엇입니까?   What is your job?

4) 당신은 무엇을 좋아하세요?   What do you like?

질문을 구분하는 방법: 문에 wh~에 해당하는 표현이 있는가 없는가를 보면 된다.
A. 한글에 wh~가 <u>없으면</u> 문 두에 전부 do (does, did)나 be 동사를 쓴다.
1) 어제 너는 e-mail 하나를 보냈니?   Did you send an e-mail yesterday?

2) 너는 매일 축구를 하니?   Do you play soccer every day?

B. 한글에 wh~에 해당하는 단어가 있으면 wh~를 문 두에 쓴다. ☞ wh~ p.28
1) 어제 밤에 당신은 **무엇을** 하셨나요?   What did you do last night?

2) 당신은 어제 **누구를** 만나셨나요?   Whom did you meet yesterday?

질문을 적는 순서: 영어의 뼈대를 적는 순서는 "한 가지 순서"이다. ☞p. 2

A. do (does, did), be 동사 + (주어 + 동사 + 목적어 + 목적어 + 보어)
1) Did you call me my partner?   do + (주어 + 동사 + 목적어 + 보어)
2) **Is** he a pro soccer player?   be + (주어 + **동사** + 보어)
be 동사가 앞으로 나가면 동사의 자리는 빠진다.

B. wh~ + do (does, did), be 동사+ (주어 + 동사 + 목적어 + 목적어 + 보어)
   wh~주어 + (동사 + 목적어 + 목적어 + 보어)
   "wh~ + be 동사…" 뒤에는 주어 (명사) 또는 보어 (형용사)가 올 수 있다.
1) Whom did you meet yesterday?   Wh~ + did + (주어 + 동사 + 목적어)
2) Who gave you the nice computer?   Wh~ + (동사 + 목적어 + 목적어)
3) What is your job?   Wh~ + **be 동사** + **주어 (명사)**
4) Which one is cute?   Wh~ + **be 동사** + **보어 (형용사)**

Exercise

문 두에 wh~를 써야 하는지, do (does, did), be 동사를 써야 하는지 영작 해 보세요.

1) 너는 한국인이니?   Korean
2) 그는 그 콜라를 마셨니?
3) 그 책은 책상 위에 있니?
4) 그의 직업은 무엇이니?   직업 job
5) 이것은 누구의 것이니?
6) 어떤 것이 귀엽니?
7) 너는 무엇을 매일 씹니?
8) 운동은 건강을 위해 무엇을 하니?

답:
한글에 who, whose, whom, what, which, when, where, why, how 가 있으면, 문 두에 do (does, did)나 be 를 쓰지 않는다. 4)~ 7)만 wh~가 들어 있다.

1) Are you Korean?
2) Did he drink the Coke?
3) Is the book on the table?

4) 그의 직업은 **무엇**이니?   What is his job?

5) 이것은 **누구의 것**이니?   Whose is this?

6) **어떤 것**이 귀엽니?   Which is cute?

7) 너는 **무엇을** 매일 씹니?   What do you chew every day?

8) 운동은 건강을 위해 무엇을 하니?   What does exercise do for health?

Mistakes

한글	잘 틀리는 영작	맞는 영작
무엇		what
무슨 책	which book	what book
몇 시에		what time
어떤		which
어떤 것		which
얼마나 많은		how much/how many
어떻게		how

12.2. A. do (does, did), be 동사를 이용한 질문

3분 비법

> 한글에 wh~가 <u>없으면</u>, 문 두에 전부 do (does, did)나 be 동사를 쓴다.
> A. "~니?"가 동사면 do (does, did)를 쓴다. …먹니?, 씹니?, 잠자니? ☞ p.8
> B. 그 외는 전부 be 동사를 쓴다.   … 요리사니?, 더럽니?
> 질문을 적는 순서는 "한 가지 순서"이다.   (주어+동사 …) ☞ p. 2, 110

Do (does, did)와 be 동사를 구분 하는 법:
문의 끝에 있는 "~니?"가 동사인지를 보고 결정한다.

A. "~니?"가 동사면 do (does, did)를 쓴다. ☞ 동사의 구분~ p.8
"마시니"… "마시다", "잠잤니"… "잠자다"는 동사이다 그래서, do (does, did)를 쓴다.
만약 조동사 (will, can, must, should…)가 필요하면 do 의 자리에 쓰면 된다.

1) 너는 매일 우유를 마시니?   Do you drink milk every day?

2) 너는 어제 잠잤니?   Did you sleep yesterday?

3) 너는 (얼마나 많은 박쥐들이 (지구 위에) 있는지) 정확히 아니?
   Do you know exactly (how many bats there are (on Earth))?

4) 제가 당신과 말을 할 수 있을까요?   Can I talk to you ?

B. 그 외는 전부 be 동사를 쓴다.
"농부", "귀엽다"는 동사가 아니므로 전부 be 를 문 두에 쓴다. be 의 변화 ☞ p.13

1) 당신은 농부이세요?   Are you a farmer?

2) 그 여자 애는 귀엽니?   Is she cute?

Tips 문법: do 의 변화

	현재	과거		현재	과거
	do, does	did		do	did
나는	Do I	Did I	우리는	Do we	Did we
너는	Do you	Did you	너희들은	Do you	Did you
그는 그녀는 그것은	Does he Does she Does it	Did he Did she Did it	그들은/ 그것들은	Do they Do they	Did they

Exercise

do (does, did)나 be 동사를 이용하여 영작을 하여 보세요.

1) 그는 너에게 책 한 권을 사 주었니?   read-read-read
2) 그는 Mark 가 정직하다고 생각하니?   정직한 honest, think-thought-thought
3) 너는 어제 그 책을 샀니?
4) 그는 음악 듣는 것을 좋아하니?
5) Jeff 는 섬에서 삽니까?
6) 그는 네가 정직하다고 믿니?
7) 하와이는 많은 섬들로 이루어져 있니?
8) 너는 많은 상점들을 방문했니?
9) 너는 3월에 일주일동안 그 camp 에 참가할 거니?   참가하다 attend, ~ㄹ거 will

답:

1) Did he buy you a book?
2) Does he think that Mark is honest?
3) Did you buy the book yesterday?
4) Does he like listening to music?
5) Does Jeff live on an island?
6) Does he believe that you are honest?
7) Is Hawaii made of many islands?
8) Did you visit many shops?
9) Will you attend the camp for a week in March?

Mistakes

한글	잘 틀리는 영작	맞는 영작
그는 Mark 가 정직하다고 생각하니?	Does he thinks that Mark is honest?	Does he think that Mark is honest?
그는 너에게 책 한 권을 사 주었니?	Did he give you a book? Did he bought you a book?	Did he buy you a book?

Tips

질문: 당신은 어제 누구를 만나셨나요? 는 어떤 영작이 맞나요?
Whom did you meet yesterday?
Who did you meet yesterday?

답: 문법적으로는 "누구를"이니까, whom 을 사용하여 Whom did you meet yesterday?로 해야 한다. 그러나, 회화체에서는 두 표현을 다 같이 쓰고 있다.

12.3. B. wh~가 문 두에 나오는 질문

3분 비법

> 한글에 wh~가 있으면, wh~를 문 두에 사용한다. ☞ wh~ p.28
> wh~ 뒤에는 다음 세 가지 중 하나를 적는다.
> A. "~니?"가 동사이면 do (does, did)를 쓴다.　… 먹니?, 씹니?, 잠자니? ☞ p.8
> B. 그 외는 전부 be 동사를 쓴다.　　　　　　　… 무엇이니?, 언제니?, 귀엽니?
> C. 다만 wh~가 주어이면 do (does, did)를 쓰지 않는다. … 누가, 무엇이,
>
> 질문을 적는 순서 역시 "한 가지 순서"이다. (주어 + 동사 …) ☞ p. 2, 110

wh~를 문 두에 사용하는 경우:
한글에 wh~가 있으면, wh~를 문 두에 사용한다.

wh~ 뒤에 반드시 와야 하는 것:
wh~ 뒤에는 do (does, did)가 아니면 be 가 와야 한다.

A. "~니?"가 동사면 do (does, did)를 쓴다.
(먹니?… 먹다, 씹니?… 씹다, 잠자니?… 잠자다)는 동사이다. 동사의 구분 ☞ p.8
만약 조동사 (will, can, must, should…)가 필요하면 do 의 자리에 쓰면 된다.

1) 너는 무엇을 매일 먹니?　　　　　　　　What **do** you eat every day?

2) 너는 언제 잠자니?　　　　　　　　　　When **do** you go to bed?

3) 언제 너를 만날 **수 있니**?　　　　　　　When **can** I meet you?

B. 그 외는 전부 be 동사를 쓴다.
아래의 예에서 (무엇, 언제)는 동사가 아니므로 be 동사를 쓴다. 동사 찾기 ☞ p.8, 12

1) 그것은 무엇이니?　　　　　　　　　　What is it?

2) 너의 생일은 언제니?　　　　　　　　　When is your birthday?

wh~가 주어

C. 다만 wh~가 주어이면 do (does, did)를 쓰지 않는다. ☞ p.108
이 때는 영어의 한 가지 순서로 적으면 된다. (주어+ 동사 +목적어 +목적어 +보어)

1) 누가 그것을 샀니?　　　　　　　　　　Who bought it?　(주어+동사 +목적)
　　비교: 너는 **누구를** 만났니?　　　　　　Whom **did** you meet?

2) 누가 그 볼을 너에게 주었니?　　　　　　Who gave you the ball?

Exercise

wh~를 사용하여 영작을 해 보세요.

1) Peter 의 것은 어떤 책이니?
2) 누가 너에게 그 차를 사 주었니?
3) 그 사람들의 테이블은 어디니?
4) 그 연설의 목적은 무엇입니까?
5) 너는 얼마나 많이 그것을 마셨니?
6) 너는 어제 누구를 만났니?
7) 누가 그것을 먹었니?

답:
문에 wh~에 해당하는 한글이 있는가 본다.

1) Which book is Peter's?
2) Who bought you the car?
3) Where is their table?
4) What is the purpose of the speech?
5) How much did you drink it?
6) Whom did you meet yesterday?
7) Who ate it?

Mistakes

한글	잘 틀리는 영작	맞는 영작
Peter 의 것은 어떤 책이니?	What book is Peter's?	Which book is Peter's?
누가 너에게 그 차를 사 주었니?	Who did you buy the car?	Who bought you the car?
누가 그것을 먹었니?	Who did eat it?	Who ate it?

Tips

문법: which 는 "어떤 것"과 "어떤"이 있고, what 은 "무엇"과 "무슨"이 있는데 무엇이 다른가요?
 "어떤 것"과 "무엇"은 명사이고, "어떤"과 "무슨"은 형용사이다.
 항상 형용사 뒤에 명사가 온다.

1) 너는 어떤 것을 좋아하니?   Which do you like?
2) 너는 **어떤 사과**를 좋아하니?   Which apple do you like?

3) 너는 무엇을 좋아하니?   What do you like?
4) 너는 **무슨 사과**를 좋아하니?   What apple do you like?

영작의 달인이 되는 비법

영어가 능통하지 않은 대부분의 한국인들은 자주 사용하지 않는 영어를 표현 할 때는 한글을 먼저 생각하고 그것을 영어로 적는 것이 보통이다.

이때 한국인들은 영어 사용자들 보다 더 자주 많이 괄호(구와 절)을 사용하기 때문에, 한글을 영어로 적을 때 괄호(구와 절)를 마음대로 적을 수 없다면 고급 영작을 자유자재로 정확히 적을 수 없다. 이 책은 한글을 생각한대로 적는 방법을 쉽게 가르쳐 주는 비법 중의 비법이다.

13. 실전 영작을 위한 5단계 배우기

- 영문을 적는 5단계

13.1. 영문을 적는 5 단계

다음과 같은 5 단계로 영작을 하면, 지금까지 배운 지식을 효과적으로 이용 할 수 있다.

다음 3 문제로 예를 들어 보면,
1) 그는 나에게 커피를 주었다.
2) 내가 어제 먹은 사과들은 저 상자 속에 있었다.
3) 우리가 축구를 하기 전에, 그들은 축구를 하는 것을 마쳤다.

Step 1

| 한글에서 주어, 동사, 목적어, 보어를 찾아 동그라미를 한다. |

1) 그는 나에게 커피를 주었다.
2) 내가 어제 먹은 사과들은 저 상자 속에 있었다.
3) 우리가 축구를 하기 전에, 그들은 축구를 하는 것을 마쳤다.

Step 2

| 주어와 나머지를 구분한다. |

주어와 나머지를 구분하는 방법은 **주어의 옆에 "/" 표시를 한다.** ☞ p.64

1) 그는/ 나에게 커피를 주었다.
2) 내가/ 어제 먹은 사과들은/ 저 상자 속에 있었다.
3) 우리가/ 축구를 하기 전에, 그들은/ 축구를 하는 것을 마쳤다.

Step 3

| 구/절을 찾아 괄호로 한다.
| 명사구/절: (것/가/지, 다고/라고),
| 형용사구/절: (ㄴ/ㄹ/의)
| 부사구/절: (… 에/에서, 위하여/서/러) |

1) 그는/ 나에게 커피를 주었다.
2) (내가/ 어제 먹은) 사과들은/ (저 상자 속에) 있었다.
3) (우리가/ 축구를 하기 전에), 그들은/ (축구를 하는 것) 을 마쳤다.

Tips

질문: 하나의 문에 2), 3)과 같이 주어가 두개 있는 경우에 주의 할 점 ☞ p.64
답: 하나의 문에 2), 3)과 같이 주어가 두개 (동사도 두개)면, 하나는 괄호에 들어 간다.

Exercise

영작을 하는 5 단계로 영작을 하여 보세요.

1) 그는 그 레벨이 어떻게 변하는지를 주시하였다.
2) 어떤 식물들은 비를 기다립니다.
3) 비가 내릴 때 그 알들은 부화합니다.
4) 동물들은 겨울 동안에 살 수 있습니다.
5) 많은 동물들은 밤에 밖으로 나옵니다.
6) 꽃들이 그 사막을 덮습니다.
7) 많은 동물들은 다른 동물들을 먹는다.
8) 사냥꾼들은 한곳에 오랫동안 앉을 수 있다.

주시하다 notice
기다리다 wait for …
알 egg, 부화하다 hatch
~수 있다 can, 동물 animal

사막 desert
다른 other
오랫동안 for a long time

답:
1) 그는/ (그 레벨이 어떻게 변하는지)를 주시하였다.
   He/ noticed (how the level changed).

2) 어떤 식물들은/ 비를 기다립니다.
   Some plants/ wait for the rain.

3) (비가/ 내릴 때), 그 알들은/ 부화합니다.
   (When it/ rains) the eggs/ hatch.

4) 동물들은/ (겨울 동안에) 살 수 있습니다.
   Animals/ can live (during the winter).

5) 많은 동물들은/ (밤에) 밖으로 나옵니다.
   Many animals/ come out (at night).

6) 꽃들이/ 그 사막을 덮습니다.
   Flowers/ cover the desert.

7) 많은 동물들은/ 다른 동물들을 먹는다.
   Many animals/ eat other animals.

8) 사냥꾼들은/ (한 곳에) (오랫동안) 앉을 수 있다.
   Hunters/ can sit (in one spot) (for a long time).

Step 4

> 영어의 문은 "한가지 순서"로 적는다.
> 문의 순서: (주어+동사+목적어+목적어+보어)
> 괄호는 괄호만 별도로 "영어의 한 가지 순서"로 적는다.
> 괄호 안을 적는 순서: (주어+동사+목적어+목적어+보어)

1) 그는/   주었다   나에게   커피를
   He/   gave   me   coffee.
   주어 /   +동사   +목적어   +목적어

2) 사과들은/ (내가/ 어제 먹은)   있었다   (저 상자 속에)
   The apples (that I ate yesterday)/   were   (in the box).
              (내가 어제 먹은)   (상자 속에)
   주어   (that+주어+동사) /   +동사   +(부사구)

3) (우리가/ 축구를 하기 전에),   그들은/   (축구를 하는 것)을 마쳤다.
   (Before we/ played soccer),   they/   finished (playing soccer).
   (우리가 /축구를 하기 전에)   (축구를 하는 것)
   (before+주어+동사+목적어)   주어   +동사   +목적어 (동사 ing+목적어)

Step 5

> 명사와 동사가 맞게 쓰였는지 조사한다.

영어의 모든 문을 적고 나서는 반드시 다음 두 가지 (A, B)를 생각해야 한다.

A. 모든 명사는 셀 수 있는지 없는지를 생각해야 한다. (하나인가 둘 이상인가?)

1) 셀 수 있는 명사:
명사가 하나면 항상 a (an), the, this, that 을 붙이거나,
두 개 (두 사람)이상이면 ~s 를 붙인다.

사과 한 개 an apple, 그 사과 the apple,   이 사과 this apple,   저 사과 that apple
사과들 apples,   그 사과들 the apples   이 사과들 these apples 저 사과들 those apples
두 개의 사과들 two apples

2) 셀 수 없는 명사:
셀 수 없는 명사는 항상 the, this, that 을 붙이거나 <u>아무것도 붙이지 않을 수 있다</u>.
그 물 the water, 이 물 this water, 저 물 that water, 물 water

B. 동사에 ~(e)s 나 ~ed 가 필요한가?
☞ p.14 동사에 ~(e)s 붙이기, 동사에 ~ed 붙이기

Exercise

영작을 하는 5 단계로 영작을 하여 보세요.

1) 사람들은 광물을 추출하기 위한 돌들을 발견하였습니다.
   광물 metal, 추출하다 extract, 발견하다 discover

2) 태양 동력은 평판이 좋아지게 되고 있습니다.   become, popular

3) 1994 년에, 영국 정부는 풍력을 개발할 것을 약속하였습니다.
   풍력 wind power , 개발하다 develop, 약속하다 promise

4) 거미는 지나가는 다른 동물들을 함정에 빠트린다.   거미 spider, 함정 trap

5) 한차례의 폭풍우 후에, 씨들은 빨리 싹이 틉니다.   폭풍우 storm, 후에 after,

6) 나는 하나의 자로 만든 스탠드에 그 병을 고정했다.
   자 measure, 스탠드 stand, 고정하다 fix-fixed-fixed

7) 나는 그 병에 고정된 테이프 위에 수위를 표시했다.   수위 the water level

답:

1) 사람들은/ (광물을 추출하기 위한) 돌들을 발견하였습니다.
   People/ discovered rocks (to extract metals).

2) 태양 동력은/ 평판이 좋아지게 되고 있습니다.
   Solar power/ is becoming popular.

3) (1994 년에), 영국 정부는/ (풍력을 개발할 것)을 약속하였습니다.
   (In 1994), the British government/promised (to develop wind power).

4) 거미는/ (지나가는) 다른 동물들을 (함정에) 빠트린다.
   A spider/ traps other animals (that come by).

5) (한차례의 폭풍우 후에), 씨들은/ 빨리 싹이 틉니다.
   (After a storm), seeds/ sprout quickly.

6) 나는 (하나의 자로 만든) (한 개의 스탠드에) 그 병을 고정했다.
   I/ fixed the bottle (to a stand) (made (with a ruler)).

7) 나는/ ((그 병에) (고정된)) (테이프 위에) 수위를 표시했다.
   I / marked the water level (on tape) ((stuck) (to the bottle)).

영작의 달인이 되는 비법

한국인들은 영어의 1 가지 순서와 괄호 (구와 절)를 적는 법만 알아도 영작을 할 때 혼동하거나 못하는 거의 모든 복잡한 것들을 생각한대로 적을 수 있다.
~ 각각 3 분이면 배울 수 있어.

부록 (종합 문제)

종합 문제의 순서

A. 문의 한가지 순서의 연습　　　　　　　　　　　　　　　　p.124

한글을 영어의 한가지 순서로 적는 연습
(주어+동사+목적어+목적어+보어)

B. 괄호를 적는 연습… 명사/명사구/절　　　　　　　　　　　p.128

명사를 주어, 목적어, 보어로 쓰는 연습
명사구/절의 연습

C. 괄호를 적는 연습… 형용사/형용사구/절　　　　　　　　p.133

형용사를 보어로 쓰는 연습
형용사를 명사 앞에 쓰는 연습
형용사구/절의 연습

D. 괄호를 적는 연습… 부사/부사구/절　　　　　　　　　　p.139

부사 및 부사를 적는 위치의 연습
부사구/절의 연습

E. 기타 종합 연습문제　　　　　　　　　　　　　　　　　　p.144

F. 실제의 연습문제　　　　　　　　　　　　　　　　　　　p.146

종합문제는 다음과 같이 문제와 답이 적혀 있다.

문제
문제를 영작하기 위한 절차
영작의 답을 보여 줌

A. 영어의 한가지 순서 연습

한글을 영어로 적을 때는 한글에서 "주어+동사+목적어+목적어+보어"를 찾아 영어의 한가지 순서로 적으면 된다.
영어의 한가지 순서: (주어+동사+목적어+목적어+보어)

1. 그 곤충들이 갑자기 사라졌다.
   곤충 insect, 갑자기 suddenly, 사라지다 disappear-disappeared-disappeared

   그 곤충들이/ 갑자기 사라졌다.
   The insects/ disappeared suddenly.

2. 그들은 술을 마시고 있었다.
   먹다 have, 술 drink, 술을 마시다 have a drink

   그들은/ 술을 마시고 있었다.
   They/ were having a drink.

3. 그 여자는 나의 사진을 찍었다.
   사진을 찍다 take a photograph, ~의 사진을 찍다 take a photograph of ~

   그 여자는/ 나의 사진을 찍었다.
   She/ took a photograph of me.

4. 그 여자는 나에게 포옹을 했다.
   포옹 hug, ~에게 포옹을 하다 = ~에 포옹을 해 주다 give ~ a hug

   그 여자는/ 나에게 포옹을 했다.
   She/ gave me a hug.

5. 그 여자는 나에게 키스했다.

   그 여자는/ 나에게 키스했다.
   She/ kissed me.

6. 나는 음식점을 운영한다.
   음식점 restaurant, 운영하다 run-ran-run

   나는/ 음식점을 운영한다.
   I/ run a restaurant.

7. 나는 담배를 피우지 않는다.
   담배를 피우다 smoke

   나는/ 담배를 피우지 않는다.
   I / do not smoke.

8. 그 차는 멈추었다.
   멈추다 stop

   그 차는/ 멈추었다.
   The car/ stopped.

9. 우리는 서로 경쟁하는 중이다.
   서로 each other, 경쟁하다 compete, ~와 경쟁하다 compete with~,
   중이다 = 고 있다 be +동사 ing

   우리는/ 서로 경쟁하는 중이다. 서로 with each other
   We/ are competing with each other.

10. 나는 그에게 돈을 빌려 주었다.
    빌려주다 lend-lent-lent, 빌리다 borrow

    나는/ 그에게 돈을 빌려주었다.
    I/ have lent him money.
    I/ lent him money.

11. 나는 어제 그에게 돈을 빌렸다.
    빌리다 borrow, 어제 yesterday

    나는/ 어제 그에게 돈을 빌렸다.
    I/ borrowed money from him yesterday.

12. 그는 나에게 우유 한 팩을 건네주었다.
    건네주다 hand

    그는/ 나에게 우유 한 팩을 건네주었다.
    He/ handed me a pack of milk.

13. 그들은 두려워 보였다.
    두려운 frightened, 보이다 seem

    그들은/ 두려워 보였다.
    They/ seemed frightened.

14. 그것은 나를 어지럽게 했다.
    어지러운 dizzy

    그것은/ 나를 어지럽게 했다
    It/ made me dizzy.

15. 그 여자는 좋은 아내가 될 것이다.
    아내 wife, 되다 make
    make 는 "되다"의 의미도 있다.

    그 여자는/ 좋은 아내가 될 것이다.
    She/ will make a good wife.

16. 나의 아빠는 농부가 되었다.
    ⋯ 이 되다 become, 농부 farmer

    나의 아빠는/ 농부가 되었다.
    My dad/ became a farmer.

17. 이 자는 너의 것이다.
    자 ruler, 너의 것 yours

    이 자는/ 너의 것이다.
    This ruler/ is yours.

18. 너는 나를 미치게 하고 있다.

    너는/ 나를 미치게 하고 있다
    You/ are driving me crazy.

19. 나는 이 접시들을 물기 없게 닦았다.
    닦다 wipe, 접시 dish, 물기 없게 dry

    나는/ 이 접시들을 물기 없이 닦았다.
    I / wiped these dishes dry.

20. 나는 나의 차를 빨갛게 칠했다
    칠하다 paint

    나는/ 나의 차를 빨갛게 칠했다
    I/ painted my car red.

21. 그들의 친구들은 그를 "바보"라고 불렀다.
    부르다 call, 바보 idiot

    그들의 친구들은/ 그를 "바보"라고 불렀다.
    Their friends/ called him "an idiot."

22. 우리는 그를 말랐다고 생각한다.
    마른 skinny, 생각하다 think, consider, reckon

    우리는/ 그를 말랐다고 생각한다.
    We/ consider him skinny.

23. 우리는 그를 귀엽다고 생각한다.
    생각하다 think, consider, reckon

    우리는/ 그를 귀엽다고 생각한다.
    We/ consider him cute.

24. 나는 나의 가게를 "Four Seasons"라고 이름 지었다.
    이름 지다 name, 가게 store

    나는/ 나의 가게를 "Four Seasons"라고 이름 지었다.
    I/ named my store " Four Seasons".

B. 괄호를 적는 연습···명사/명사구/절

명사를 주어, 목적어, 보어로 쓰는 연습

1. 나는 그것을 우습다고 생각한다.
   우습다 funny

   나는/ 그것을 우습다고 생각한다.
   I/ think it funny.

2. 기압은 올라가고 떨어진다.
   기압 atmospheric pressure, 올라가다 rise 떨어지다 fall

   기압은/ 올라가고 떨어진다.
   Atmospheric pressure/ rises and falls.

3. 이것들이 이 정당의 목적들입니다.
   정당 political party, 목적 purpose

   이것들이/ (이 정당의) 목적들입니다.
   These/ are the purposes (of this political party).

4. 미국인들은 그들을 미국 원주민들이라고 부른다.
   미국인들 Americans, 미국 원주민 Native Americans

   미국인들은/ 그들을 미국 원주민이라고 부른다.
   Americans/ call them Native Americans.

5. Arabian Nights 는 아주 오랜 이야기들의 모음이다.
   아주 오랜 이야기들 very old stories , 모음 collection

   Arabian Nights 는/ (아주 오랜 이야기들의) 모음이다.
   The Arabian Nights/ is a collection (of very old stories).

6. recycling 은 공기 오염을 줄이는 것을 도울 수 있다.
   공기 오염 air pollution, reduce-reduced-reduced,
   돕다 help-helped-helped, ~수 있다 can,
   help 뒤는 주로 "to 동사" 또는 to 가 빠지고 "동사"만 온다.
   공기 오염을 줄이는 것 (to reduce air pollution), (reducing air pollution)

   recycling 은/ (공기 오염을 줄이는 것) 을 도울 수 있다.
   Recycling/ can help (to reduce air pollution).

명사구/절의 연습

1. 나의 강아지에게 우유를 매일 주는 것은 나의 기쁨이다. 기쁨 pleasure

   (나의 강아지에게 우유를 매일 주는 **것**)은/ 나의 기쁨이다.
   (Giv**ing** my puppy milk every day)/ is my pleasure.

2. 나는 나의 잔이 깨진 것을 알아챘다.
   깨다 break-broke-broken

   나는/ (나의 잔이/ 깨진 것)을 알아챘다.
   I / noticed (that my glass/ was broken).

3. 네가 공부 할 때, 나는 군대에 있었다.
   군대 army, 군대에 in the army, 네가 공부 할 때 = 네가 공부 할 때에,

   (네가/ 공부 할 때) 나는/ (군대에) 있었다.
   I/ was (in the army) (when you/ were studying).

4. 네가 전화했을 때 나는 마루에 누워 있었다.
   눕다 lie. 마루 floor, 마루에 on the floor, 전화하다 call-called-called

   (네가 /전화했을 때) 나는/ (마루에) 누워 있었다.
   I / was lying (on the floor) (when you/ called me).

5. 나는 빨리 집에 오기를 바랬다.
   바라다, 원하다 want, hope, wish,
   집에 오기= 집에 오는 것 = to come home, coming home
   home 은 "집", "집에"의 두 가지 뜻이 있다.

   나는/ 빨리 (집에 오기)를 바랬다.
   I/ wanted (to come) home early.

6. 나는 영어를 공부하기를 좋아한다.
   공부하다 study,
   공부하기= 공부하는 것 = to study, studying,
   좋아하다 like

   나는/ (영어를 공부하기)를 좋아한다.
   I/ like (to study English).
   I/ like (studying English).

7. 나는 축구를 하는 것을 즐긴다
   즐기다 enjoy, 축구 soccer, 축구를 하다 play soccer,
   축구를 하는 것 = to play soccer, playing soccer
   enjoy 뒤는 동사ing가 온다. to동사가 오지 않는다.

   나는/ (축구를 하는 것)을 즐긴다
   I/ enjoy (playing soccer).

8. 나는 flute 을 연주하기 시작했다.
   시작하다 begin, 연주하다 play, flute을 연주하다 play the flute
   flute을 연주하기= flute을 연주하는 것= playing the flute = to play the flute
   begin의 뒤는 to동사, 동사ing 둘 다 올 수 있다.

   나는/ (flute을 연주하기) 시작했다.
   I/ began (to play the flute).
   I/ began (playing the flute).

9. 나는 그가 무엇을 의미하는 지를 이해했다.
   의미하다 mean-meant-meant, 이해하다 understand-understood-understood
   (주어 +무엇 +지) = (what +주어+동사 +….)

   나는/ (그가/ 무엇을 의미하는 지)를 이해했다.
   I/ understood (what he/ meant).

10. 그는 말하기를 시작했다. 내가 "말하기를 멈춰".라고 말했다.
    나는 듣기를 원하지 않았다.
    시작하다 begin-began-begun, 말하다 talk, 말하기= 말하는 것 = talking, to talk
    듣다 listen, 듣기= 듣는 것= to listen, listening

    그는/ (말하기)를 시작했다.
    He/ began to talk.

    내가/ "(말하기)를 멈춰".라고 말했다.
    I /said, "Stop talking"

    나는/ (듣기)를 원하지 않았다.
    I /did not want to listen.

11. 그 여자는 그녀의 여동생이 그녀를 화나게 만들었다고 말했다.
    여동생 younger sister, 화나다 angry, 말하다 say-said-said

    그 여자는/ (그녀의 여동생이/ 그녀를 화나게 만들었다고) 말했다.
    She/ said (that her younger sister/ made her angry).

12. 나는 그들이 틀렸음을 증명하기를 원한다.
    증명하다 prove, 틀리다 wrong , 원하다 want, wish, like
    그들이 틀렸음 = 그들이 틀렸다는 것 = (that ~)
    증명하기 = 증명하는 것 = to prove, proving

    나는/ ((그들이/ 틀렸**음**)을 증명하**기**를)) 원한다.
    I/ want (to prove (that they/ were wrong)).

13. 나는 네가 올바른 결정을 했다고 생각한다.
    생각한다 think, 올바른 right, 결정 decision, 결정을 하다 make a decision

    (생각하다 think, 믿다 believe) 뒤에 사용되는 that은 생략하고 쓰는 경우가 있다.
    생각하다   think (that…)   = think (…)
    믿다   believe (that…) = believe (…)

    나는/(네가/ 올바른 결정을 했다고) 생각한다.
    I/think (that you/ made the right decision).
    I/think (you/ made the right decision).

14. 나는 그것이 재미있다는 것을 알았다.
    알다 find-found-found, know-knew-known
    재미있는 interesting

    나는/ (그것이/ 재미있다는 것)을 알았다.
    I found/ (that it/ was interesting).

15. 나는 내가 도둑질을 당했다는 것을 알았다.
    도둑질하다 rob-robbed-robbed,
    "도둑질을 당하다"는 (수동태) be robbed,
    알다 find-found-found, know-knew-known

    나는/ (내가/ 도둑질을 당했다는 것)을 알았다.
    I found (that I/ had been robbed).

16. 그는 그 과일들이 아주 맛있었다는 것을 알았다.
    알다 , 발견하다 discover, 맛있는 delicious, 과일(들) fruit

    그는/ (그 과일들이/ 아주 맛있었다는 것)을 알았다.
    He/ discovered (that the fruit/ were very delicious).

17. 나는 나의 엄마와 아빠를 기쁘게 하기를 바란다.

    바라다 hope, wish, 기쁘게 하다 please,
    기쁘게 하기= 기쁘게 하는 것 to please, pleasing
    hope 뒤는 to 동사 와 동사 ing 중 to 동사만 온다
    hope to please

    나는/ (나의 엄마와 아빠를 기쁘게 하기)를 바란다.
    I / hope (to please my mom and dad).

18. 나는 그녀에게 그녀의 삶에 무엇이 일어났는지에 대하여 질문들을 물었다.
    삶 life, 묻다 ask, 일어나다 happen-happened-happened, 대하여(전치사) about

    영작의 5 단계에 따라 영작하면 어렵지 않게 할 수 있다.
    나는 (주어) + 물었다(동사) + 그녀에게 (목적어)+목적어 (질문들을)

    특히 구/절을 괄호 하는 법이 중요하다.
    about 전치사 뒤는 명사(구/절)가 오는데, (what happened)가
    절로 하나의 단어 (명사)처럼 about 의 뒤에 왔다.

    나는/ 그녀에게 (그녀의 삶에) ((무엇이 일어났는지)에 대하여) 질문들을 물었다.
    I/ asked her questions (about (what happened)) (in her life).

C. 괄호를 적는 연습…형용사/형용사구/절

형용사를 보어로 쓰는 연습

1. 그것은 아주 크다.
   크다 big

   그것은/ 아주 크다.
   It/ is very big.

2. 오늘은 하늘이 아주 청명하다.
   하늘 sky, 청명한 clear

   오늘은 하늘이/ 아주 청명하다.
   The sky/ is very clear today.

3. 그 지붕은 빨갛다.
   지붕 roof

   그 지붕은/ 빨갛다.
   The roof/ is red.

4. 나는 대한민국 국민이다.
   국민 citizen

   나는/ 대한민국 국민이다.
   I/ am a Korean citizen.

5. 이 방은 크다.
   방 room, 크다 large

   이 방은/ 크다.
   This room/ is large.

6. 나는 이 사고에 대해 책임이 없다.
   ~ 대해 책임이 있는 responsible for~, 사고 accident

   나는/ (이 사고에 대해) 책임이 없다.
   I/ am not responsible (for this accident).

7. 나는 내가 그의 초대를 받아 들일 수 없는 것이 유감이다.
   유감이다 afraid, 받아들이다 accept-accepted-accepted, 초대 invitation

   나는/(내가/ 그의 초대를 받아 들일 수 없는 것이) 유감이다.
   I/ am afraid (that I/ can not accept his invitation).

8. 그의 강의는 지루하다. 강의 lecture, 지루하다 boring

   그의 강의는/ 지루하다.
   His lecture/ is boring.

9. 나는 따분했다. 따분하다 bore

   나는/ 따분했다.
   I/ was bored.

10. 나의 오빠 (남동생)는 많이 걱정했다. 걱정하다 worry

    나의 오빠 (남동생)는/ 많이 걱정했다.
    My brother/ worried a lot.

11. 나는 어지럽게 느꼈다.

    I felt dizzy.

12. 나는 따뜻하게 느꼈다.   느끼다 feel-felt-felt, 따뜻한 warm

    나는/ 따뜻하게 느꼈다.
    I/ felt warm.

13. 나는 매우 피곤하게 느꼈다. 피곤한 tired, 느끼다 feel-felt-felt

    나는/ 매우 피곤하게 느꼈다.
    I/ felt very tired.

14. 너는 선생님처럼 보인다. 처럼 like, 보이다 look

    너는/ 선생님처럼 보인다.
    You/ look like a teacher.

15. 그것은 좋은 생각처럼 들린다. 처럼 like, 들리다 sound

    그것은/ 좋은 생각처럼 들린다.
    It/ sounds like a good idea.

형용사를 명사 앞에서 쓰는 연습

1. 나는 슬픈 이야기를 좋아 하지 않는다.
   슬픈 sad, 이야기 story

   나는/ 슬픈 이야기를 좋아 하지 않는다.
   I/ do not like sad stories.

2. 그 여자는 나에게 경제적인 도움을 주었다.
   경제적인 financial, 도움 help

   그 여자는/ 나에게 경제적인 도움을 주었다.
   She/ gave me financial help.

3. 그는 한국에서 잘 알려진 소설가이다.
   잘 알려진 well-known, 소설가 novelist

   그는/ 한국에서 잘 알려진 소설가이다.
   He/ is a well-known novelist in Korea.

4. 나는 읽을 좋은 책 한 권을 찾고 있다.
   읽다 read-read-read, 읽을 to read, 찾다 look for

   나는/ (읽을) 좋은 책 한 권을 찾고 있다.
   I/ am looking for a good book (to read).

5. 나의 아빠는 세달 전에 돌아가셨다.
   돌아가시다 pass away, 세달 전에 three months ago

   나의 아빠는/ (세달 전에) 돌아가셨다.
   My dad/ passed away three months ago.

6. 그 여자는 밝은 갈색머리를 가지고 있다.
   밝은 light, 갈색 brown, 머리 hair

   그 여자는/ 밝은 갈색머리를 가지고 있다.
   She/ has light brown hair.

7. 그는 이전의 결혼에서 세 아이를 가지고 있다.
   이전의 previous, 결혼 marriage

   그는/ (이전의 결혼에서) 세 아이를 가지고 있다.
   He/ has three children (from his previous marriage).

8. 나는 정말로 멋진 집을 샀다.
   사다 buy, 멋진 charming

   나는/ 정말로 멋진 집을 샀다.
   I/ bought a really charming house.

9. 나는 복잡한 전자장치를 사용하는 것을 좋아한다.
   복잡한 sophisticated, 전자의 electronic, 장치 device

   나는/ (복잡한 전자장치를 사용하는 것)을 좋아한다.
   I/ like (to use sophisticated electronic devices).
   I/ like (using sophisticated electronic devices).

10. 나는 어젯밤 공원에서 두려워하는 소녀를 보았다.
    두려워하다 frighten,

    나는/ (어젯밤) (공원에서) 두려워하는 소녀를 보았다.
    I/ saw a frightened girl (in the park) (last night).

11. 지금 과학자들은/ 새로운 에너지 원들을 찾고 있는 중입니다.
    과학자 scientist, 새로운 new, 에너지 원 energy source, 찾다 look for

    지금 과학자들은/ 새로운 에너지 원들을 찾고 있는 중입니다.
    Now scientists/ are looking (for new energy sources).

12. 나는 네가 너무 많은 질문을 하고 있다고 생각한다.
    생각하다 think, 묻다 ask, 질문 question

    나는/ (네가/ 너무 많은 질문을 하고 있다고) 생각한다.
    I/ think (that you/ are asking too many questions).
    I/ think (you/ are asking too many questions).

형용사구/절의 연습

1. 나는 말하는 새를 본적이 전혀 없다.
   말하다 talk, 말하는 talking, 전혀 never

   "~적이 없다"는 영어로는 현재완료 have + 동사 ed
   주어가 두개로 보이나, 표현을 바꾸면 주어가 하나이다.

   나는/ (말하는 새)를 본 적이 전혀 없다.
   I/ have never seen (a talking bird).

2. 나는 발목까지 내려오는 스커트를 입지 않는다.
   내려 오다 come down, 발목 ankle, 입다 wear, 까지 to
   발목까지 내려오는 스커트
   = (coming down to my ankles)
   = (that comes down to my ankles)

   나는/ ((발목까지) 내려오는) 스커트를 입지 않는다.
   I/do not wear a skirt (coming down) (to my ankles).
   I/ do not wear a skirt (that comes down) (to my ankles).

3. 나는 빨간 바지를 입고 있는 한명의 여자아이를 만났다.
   입다 wear ,입고 있는 wearing,
   빨간 바지를 입고 있는
   = (wearing a pair of red pants)
   = (who was wearing a red pants)

   나는/ (빨간 바지를 입고 있는) 한명의 여자아이를 만났다.
   I/ met a girl (wearing a pair of red pants).
   I/ met a girl (who was wearing a pair of red pants).

4. 벌들은 집단들 안에서 사는 사회적 곤충입니다.
    벌 bee, 사회적 곤충 social insect, 집단 colony, 집단들 내에서 in colonies
   (집단들 안에서 사는)
   = (living in colonies)
   = (that live in colonies)

   벌들은/ (집단들 안에서) (사는) 사회적 곤충입니다.
   Bees/ are social insects ((that live (in colonies))).
   Bees/ are social insects (living (in colonies)).

5. 놀부라고 이름이 붙은 그 가난한 남자는 그의 아이들을
   그의 형의 집으로 데리고 갔다.
   name 이름을 붙이다, 데리고 가다 lead-lead-lead
   문이 길면 구/절이 많이 있다고 생각하면 된다. 구/절을 영작하려면,
   괄호를 하고, 구/절을 구분하면 된다.

   (놀부라고 이름이 붙은) 그 가난한 남자는/ 그의 아이들을
   (그의 형의 집으로) 데리고 갔다.
   The poor man (named Nolbu)/ led his children
   (to his brother's home).

6. 오늘 아침 나에게 일어난 것들은 역겨웠다.
   일어나다 happen-happened-happened, 넌더리 나는 disgusting, 것들 things

   나에게 일어난 것들   things (that happened to me)

   (오늘 아침 나에게 일어난) 것들은/ 역겨웠다.
   Things (that happened to me) this morning/ were disgusting.

7. 사냥꾼들에게 잡힌 야생 동물들이 많이 팔렸다.
   사냥꾼들에게 = 사냥꾼들에 의해서 by hunters, 야생 동물들 wild animals
   팔다 sell-sold-sold, 팔리다(수동태) be +sold, 많이 a lot
   (사냥꾼들에 의해서 잡힌)   = (caught by hunters)
                            = (that were caught by hunters)

   사냥꾼들에게 잡힌 야생 동물들이/ 많이 팔렸다.
   Wild animals/(caught) (by hunters) were sold a lot.
   Wild animals/ (that were caught) (by hunters)/ were sold a lot.

8. 이것이 (내가 보낸) 그 e-mail 이다.

   이것이/ (내가 보낸) 그 e-mail 이다.
   This/ is the e-mail (that I sent).
   This/ is the e-mail (which I sent).
   This/ is the e-mail (I sent).

9. 나는 직업을 잡기 위한 과목들을 공부하고 있다.
   직업 job, 잡기 위한 to get~, 과목 subject, 공부하다 study

   나는/ (직업을 잡기 위한) 과목들을 공부하고 있다.
   I/ am studying subjects (to get a job).

D. 괄호를 적는 연습…부사/부사구/절

부사 찾기 및 부사를 적는 위치의 연습

1. 나는 끈기 있게 설명하였다.
   끈기 있게 patiently, 설명하다 explain-explained-explained

   나는/ <u>끈기 있게</u> 설명하였다.
   I/ explained patiently.

2. 우리는 공공연하게 그 부패의 조사를 요청했다.
   요청하다 call for, 부패 corruption

   우리는/ <u>공공연하게</u> (그 부패의) 조사를 요청했다.
   We/ publicly called for an investigation (of the corruption).

3. 나는 그를 정말 좋아했다.

   나는/ 그를 <u>정말</u> 좋아했다.
   I / really liked him.

4. 나는 그것을 매우 주의 깊게 보았다.
   주의 깊게 carefully, 보다 look at

   나는/ 그것을 <u>매우</u> 주의 깊게 보았다.
   I/ looked at it very carefully.

5. 나는 매우 열심히 공부했다.
   열심히 hard,

   나는/ <u>매우</u> 열심히 공부했다.
   I / studied very hard.

6. 그들은 나의 집을 빨리 지었다.
   빨리 quickly, (건물을) 짓다(build)

   그들은/ 나의 집을 빨리 지었다.
   They/ built my house quickly.

7. 나는 그에게 사적으로 말하기를 원한다.
   사적으로 privately, 말하다 speak to ~, speak with~
   말하기= 말하는 것= to speak, speaking

   나는/ 그에게 사적으로 말하기를 원한다.
   I/ want to speak to him privately.

8. 그는 유창하게 영어를 말한다.
   유창하게 fluently

   그는 유창하게 영어를 말한다.
   He/ speaks English fluently.

9. 그들의 아이들은 항상 싸운다.
   아이들 children, 항상 always, 싸우다 fight

   그들의 아이들은/ 항상 싸운다.
   Their children/ are always fighting.

10. 그는 항상 우유를 마신다.
    항상 always

    그는/ 항상 우유를 마신다.
    He/ always drinks milk.

11. 그녀는 매우 귀엽다.
    귀엽다 cute

    그녀는/ 매우 귀엽다.
    She/ is very cute.

부사구/절의 연습

1. 나는 학교에 갔다.
   가다 go, 학교에 to school

   나는/ (학교에) 갔다.
   I/ went (to school).

2. 내일 그는 서울에 도착할거야.
   도착하다 arrive, 서울에 in Seoul, 내일 tomorrow

   내일 그는/(서울에) 도착할거야.
   He/ will arrive (in Seoul) tomorrow.

3. 나는 그 여자를 공원에 데리고 갔다.
   데려가다 take, 공원 park

   나는/ 그 여자를 공원에 데리고 갔다.
   I/ took her (to the park).

4. 그는 우유를 나의 차에 부었다.
   붓다 pour-poured-poured, 차 tea

   그는/ 우유를 (나의 차에) 부었다.
   He/ poured milk (into my tea).

5. 그 빛은 그 불로부터 왔다.
   부터, 에서 from , 그 불에서 from the fire

   그 빛은/ (그 불로부터) 왔다.
   The light/ came (from the fire).

6. 양초들은 약 2,000 년 전에 나타났다.
   양초 candle, 나타나다 appear-appeared-appeared, 약 about

   양초들은/ (2,000 년 경 전에) 나타났다.
   Candles/ appeared (about 2,000 years ago).

7. 나는 일주일에 7 일간 일한다
   일하다 work

   나는/ (일주일에) (7 일간) 일한다
   I/ work (seven days) (a week).

8. (그를 만나기) 전에, 너는 숙제를 끝내야 한다.
그를 만나기= 그를 만나는 것 = meeting him, to meet him, 전에 before (전치사)

((그를 만나기) 전에), 너는/ 숙제를 끝내야 한다.
(Before (meeting him)), you/ should finish your homework.

주의: "그를 만나기 전에"⋯전치사 (전에 before)뒤에는 "to 동사"는 올 수 없다. 그래서, before meeting him 이 된다. "before to meet him"으로 하지 않는다.

9. 나는 지금 너를 위해 요리를 할 수 있다.
요리하다 cook, ~수 있다 can, be able to

나는/ 지금 (너를 위해) 요리를 할 수 있다.
I/ can cook (for you) now.
I / am able to cook (for you) now.

10. Carl 은 지금 침대 위에 누워 있다.
눕다 lie, 지금 now, 위에 on, 침대 위에 on the bed

Carl 은/지금 (침대 위에) 누워 있다.
Carl/ is lying (on the bed) now.

11. 나는 그 여자에 대해 좋은 꿈을 꾸었다.
꿈을 꾸다 dream, 대해 = 대하여 about

나는/(그 여자에 대해) 좋은 꿈을 꾸었다.
I/ dreamed a nice dream (about the girl).

12. 나는 나의 무릎 위에 그 책을 두었다.
무릎 lap, 위에 on, 두다 place-placed-placed

나는/ (나의 무릎 위에) 그 책을 두었다.
I/ placed the book (on my lap).

13. 이것들은 우리들의 문화 유산에 속한다.
문화 유산 cultural heritage, 속하다 belong to~

이것들은/ 우리들의 (문화 유산에) 속한다.
These/ belong (to our cultural heritage).

14. 나의 영어 선생님은 우리에게 논술에 대한 긴 강의를 해주셨다.
    논술 essay writing, 강의 lecture, 강의를 해 주다 give a lecture

    나의 영어 선생님은/우리에게 (논술에 대한) 긴 강의를 해주셨다.
    My English teacher/ gave us a long lecture (about essay writing).

15. 그들은 타는 태양으로부터 떨어져야 합니다.
    타다 burn-burnt-burnt, 타는 burning, 부터 from, 떨어진 away, ~야 한다 must

    그들은/ ((타는) 태양으로부터) 떨어져야 합니다.
    They/ must stay away (from the (burning) sun).

16. 사람들은 도구들을 만들기 위하여 금속을 이용합니다.
    도구 tool, 도구들을 만들기 위하여 to make tools, 금속 metal, 이용하다 use

    사람들은/ (도구들을 만들기 위하여) 금속을 이용합니다.
    People use metals (to make tools).

17. 이 계약을 싸인 하기 전에, 당신은 그것을 주의하여 읽어야 합니다.
    계약 agreement. contract, 주의하여 carefully, 전에 before, ~야 한다 should, must,
    이 계약을 싸인 하기 전에 = 네가 이 계약을 싸인 하기 전에
    = Before you sign this agreement

    (이 계약을 싸인 하기 전에), 당신은/ 그것을 주의하여 읽어야 합니다.
    (Before you/ sign this agreement), you/ should read it carefully.

18. 그것은 약 5000 년 전에 발생하였습니다.
    발생하다 happen-happened-happened

    그것은/ (약 5000 년 전에) 발생하였습니다.
    It/ happened (about 5,000 years ago).

19. 사람들은 땅으로부터 돌들을 파냈습니다.
    사람들 people, ~으로부터 out of ~, 땅으로부터 out of the ground

    사람들은/ (땅으로부터) 돌들을 파냈습니다.
    People/ dug the rocks (out of the ground).

20. 그가 나를 바보라고 불렀을 때, 나는 화가 나게 되었다.

    (그가/ 나를 바보라고 불렀을 때), 나는/ 화가 나게 되었다.
    I/ became angry (when he/ called me an idiot).

E. 기타 종합 연습문제

1. 나의 아들은 나에게 그가 April 과 결혼하기를 원한다고 말했다.
   말하다 tell-told-told, 결혼하다 marry,
   결혼하기= (결혼하는 것) = to marry, marrying

   결혼하기를 원한다. wish to marry, wish 뒤는 동사 ing 가 오지 않고, to 동사만 온다.
   ~와 결혼하다 marry ~ (marry with~로 하지 않는다.)
   원하다, 바라다 wish, want, hope

   나의 아들은/ 나에게 (그가/ (April 과 결혼하기)를 원한다고) 말했다.
   My son/ told me (that he/ wished (to marry April)).

2. 나는 내가 사기를 원하는 것을 사기 위하여 그 도시에 갔다.
   원하다 want, 무엇 what, 도시 city, 사기 위하여 to buy
   내가/ (사기)를 원하는 것 = 내가 사기를 원하는 무엇
   = (what I/ wanted (to buy))

   나는/ ((내가/ (사기)를 원하는 것)을 사기 위하여)
   (그 도시에) 갔다.
   I /went (to the city) (to buy (what I/ wanted (to buy))).

3. 모든 사람들이 나의 성공에 대하여 말하고 있었다.
   모든 사람들 everybody , 성공 success, 대하여 about, 말하다 talk

   모든 사람들이/ (나의 성공에 대하여) 말하고 있었다.
   Everybody/ was talking (about my success).

4. 그 불쌍한 아이는 밤 동안에 머물 곳이 필요했다.
   불쌍한 poor, 필요하다 need, 곳 place, 머물다 stay, 머물 to stay
   밤 night, 밤 동안 for the night

   그 불쌍한 아이는/ (밤 동안에) (머물) 곳이 필요했다.
   The poor kid/ needed a place (to stay) (for the night).

5. 나는 나의 일을 끝내기 위하여 나의 사무실로 돌아갔다.
   일 work, 끝내다 finish, 나의 일을 끝내기 위하여 to finish my work
   나의 사무실로 to my office, 돌아가다 return-returned-returned

   나는/ (나의 일을 끝내기 위하여) (나의 사무실에) 돌아갔다.
   I/ returned (to my office) (to finish my work).

6. 전기를 생산하기 위해, 기름을 태우는 것이 온실 효과의 원인 중의 하나입니다.
   전기 electricity, 생산하다 produce, 기름 oil, 태우다 burn-burnt-burnt,
   태우는 것 burning, 온실효과 the green house effect, 원인 cause

   (전기를 생산하기 위해) (기름을 태우는 것)이/ (온실 효과의) 하나의 원인입니다.
   (Burning oil) (to produce electricity)/ is one of the causes
   (of the greenhouse effect).

7. 그는 머리 위에 고기 망을 가지고 다른 길을 가는 어부 한명을 만났다.
   머리 head, 위에 on, 고기 망 fish trap, 다른 길 the other way, 가다 go-went-gone,
   가는 going, 어부 fisherman, 만나다 meet-met-met

   그는/ (머리 위에) (고기 망을 가지고) (다른 길을 가는) 어부 한명을 만났다.
   He/ met a fisherman (<u>going</u> the other way) (with a fish trap) (on his head).

8. 내가 내 손에 쥐고 있는 이 책은 한 한국의 정치인에 의해 쓰여진 아주 재미있는 책이다.
   쥐다 hold, 정치인 politician, 쓰다 write, 쓴 written, 의해 by,
   한국의 정치인에 의해 by a Korean politician

   (내가/ 내 손에 쥐고 있는) 이 책은/ (한 한국의 정치인에 의해) (쓰여진)
   아주 재미있는 책이다.
   This book (that I am holding) (in my hand)/ is a very interesting book (written) (by a Korean politician).

9. 나는 나의 돈을 훔친 사람에게 무엇이 일어난지를 안다.
   훔치다 steal-stole-stolen, 무엇 what, 일어나다 happen
   무엇이 일어 났는가 what happened
   ~에게 무엇이 일어나다 what happen to ~

   나는/ (나의 돈을 훔친) 사람에게 (무엇이/ 일어 났는가)를 안다.
   I/ know (what/ happened) (to the man) (who stole my money).

10. 그들은 그들이 무엇에 동의하는 지에 대해 이해할 수 없다.
    동의하다 agree, 그 제안에 동의하다 agree to the proposal

    그들은 (그들이/ 무엇에 동의하는 지에 대해) 이해할 수 없다.
    They/ are unsure (about (what they/ are agreeing to)).

F. 실제의 연습문제

실제로 영작을 하는 경우에 주의 할 점

실제로 영작을 하는 경우에는 영작의 5 단계에 맞추어 영작을 하지만, 다음과 같은 점에 유의하여 영작해야 한다.

1) 영어는 항상 빠진 "주어, 동사, 목적어, 보어"를 보충하여 영작한다. 한글에는 빠져 있어도 영어로 적을 때는 빠져서는 안 된다.

피곤했다. = 나는 (그는…) 피곤했다 = I was tired.

어제 그 애를 다시 보았다.= 나는 (그는…) 어제 그 애를 다시 보았다.
= I/saw the kid again yesterday.

2) 영어는 항상 빠진 한글의 표현을 보충하거나 바꾸어 영작한다.
아침 6 시에 = (아침에) (6 시에) = (6 o'clock) (in the morning)

1. 음악시간은 정말 따분하다.
   음악시간 music class, 정말 really, 따분한 boring

   "따분하다"… "따분한"은 형용사로 be 동사가 필요한 문이다.

   음악시간은/ 정말 따분하다.
   Music class/ is really boring.

2. 나는 어제 바지를 10,000 원에 샀다.
   바지 pants, 10,000 원에 for 10,000won

   나는 어제 바지 한 벌을 (10,000 원에) 샀다.
   I/ bought a pair of pants (for 10,000 won) yesterday.

3. 아침 6 시에 잠을 깼다.
   잠을 깨다 wake up, wake -woke-woken, 일어나다 get up
   아침 morning, 아침에 in the morning

   빠진 주어를 보충하여 영작한다.

   아침 6 시에 잠을 깼다. = 나는/ (아침에) (6 시에) 잠을 깼다.
   I/ woke up (at 6 o'clock) (in the morning).

4. 오늘은 참 기분 좋은 하루였다.
   참 really , 기분 좋은 good

   빠진 주어를 보충하여 영작한다.

   오늘은/ 참 기분 좋은 하루였다.   = 나는/ 오늘 참 좋은 하루를 가졌다.
   Today/ was a really good day.
   I / had a really good day today.

5. TV 에서 만화를 보기 위해 일찍 일어났다.
   만화를 보고 공중 목욕탕에 갔다.

   TV 를 보다 watch TV, TV 에서 만화를 보다 watch cartoons on TV
   일어나다 get up, 공중 목욕탕 public bath house

   빠진 주어를 보충하여 영작한다.

   TV 에서 만화를 보기 위해 일찍 일어났다.
   = 나는/ (TV 에서) (만화를 보기 위해) 일찍 일어났다.
   I/ got up early (to watch cartoons) (on TV).

   만화를 본 후에, 공중 목욕탕에 갔다.
   = (나는/ 그 만화를 본 후에), 나는/ (공중 목욕탕에) 갔다.
   I/ went (to the public bath house) (after I/ watched the cartoons).

6. 어젯밤 늦게까지 공부하여 피곤했다.
   어제 밤에 last night, 어제 밤 늦게까지 until late last night, 피곤한 tired

   빠진 주어를 보충하여 영작한다.

   어젯밤 늦게까지 공부하여 피곤했다.
   = (나는/ 어제 밤에 늦게까지 공부하여), 나는 피곤하였다.
   I/ was tired (because I had studied) (until late last night).

7. 내가 매일 이용하는 버스들은 항상 만원이다.
   만원인 crowded, 이용하다 use,

   (주어 + ㄴ/ㄹ) 은 who, whom, that, when, where…등 관계사를 사용한다.

   (내가 매일 이용하는) 버스들은/ 항상 만원이다.
   Buses (that I use every day)/ are always crowded.

147

8. 나는 팔 굽혀 펴기를 1 분간 하였다.
    팔 굽혀 펴기 push-up, 1 분간 = 1 분 동안 for one minute

    나는/ 팔 굽혀 펴기를 1 분간 하였다.
    I/ did push-ups for a minute.

9. 나는 장래 축구 선수가 되기를 원한다.
    축구 선수 soccer player, 장래 future , 장래에 = in the future

    축구 선수가 되기= 축구 선수가 되는 것
    = to be a soccer player, being a soccer player

    나는/ 장래 (축구 선수가 되기)를 원한다.
    = 나는/ 장래에 (축구 선수가 되는 것) 을 원한다.
    I/ want (to be a soccer player) (in the future).

10. 나는 공부하기가 싫다.
    공부하다 study, 공부하는 것 to study, studying
    싫다 hate

    나는/ (공부하기)가 싫다.= 나는 공부하는 것을 싫어한다.
    = I hate (to study).

11. 오늘 음악 수업이 있다.
    수업 class, 음악 수업 music class

    오늘 음악 수업이 있다. = 나는/ 오늘 음악 수업을 가지고 있다.
    = I/ have a music class today.

12. 1 시간 정도 낮잠을 자고 싶다.
    낮잠을 자다 take a nap,
    자고 싶다 = 자는 것을 원한다 = want to take a nap

    1 시간 정도 낮잠을 자고 싶다.
    = 나는/ (1 시간 정도) 낮잠을 자고 싶다.
    = I/ want (to take a nap) (for about an hour).

13. 나의 수업은 9시에 시작한다.
    수업 class, 시작하다 begin-began-begun

    나의 수업은/ (9시에) 시작한다.
    My class/ starts (at 9 o'clock).

14. 나의 선생님이 내 손바닥을 때리셨다.
    내 손바닥을 때리다 = 나를 때렸다 (손바닥 위) hit me (on the palms)

    나의 선생님이/ 내 손바닥을 때리셨다
    My teacher/ hit me (on the palms).

15. 나의 집에서 학교까지는 걸어서 10분 걸립니다.
    걸어서 on foot, 걸린다 (it) takes

    "시간이 걸린다"는 it 를 주어로 한다.

    (집에서) (학교까지는) (걸어서) 10분 걸립니다.
    It/ takes 10 minutes (from my house) (to school) (on foot).

16. 나의 동생은 레인 보우 College 에 다닙니다.
    다니다 attend, go to~, 고등학교 middle school,
    나의 동생 my sister, my brother

    나의 동생은/ (레인 보우 College 에) 다닙니다.
    My sister/ goes (to Rainbow College).
    My sister/ attends Rainbow College.

17. 그는 2학년입니다.
    2학년 the second grade,
    2학년 생 a second grader
    = 2학년에 있다. be in the second grade

    그는/ 2학년입니다.
    He/ is a second grader.
    He/ is (in the second grade).

18. 나는 과학에서 80점을 받았다.
    과학 science , 받았다 = 획득했다 got

    나는/ (과학에서) 80점을 받았다.
    I/ got 80 points (in science).

19. 이번 학기에 나의 평균은 85 점이다.
    이번 학기 this semester, 평균 average, 85 점 = 100 점 중 85 점,
    85 points out of 100

    "이번 학기에"는 "in this semester"이나 this, that, 뒤에 day, week, afternoon,
    morning 등 시간을 나타내는 표현이 오면, 전치사를 생략한다. this week, this afternoon

    (이번 학기에) 나의 평균은/ 85 점이다.
    My average/ is 85 points (this semester).

20. 오늘 오후에 PC 방에 가서 컴퓨터게임을 해야겠다.
    오늘 오후에 this afternoon,

    오늘 오후에 PC 방에 가서 컴퓨터게임을 해야겠다.
    = 나는/ 오늘 (오후에) (PC 방에) 가서 컴퓨터게임을 해야겠다.
    I/ will go (to a PC bang) (this afternoon) and play computer games.

21. 선생님이 무엇을 말씀하시는지 잘 알아듣지 못하겠다.
    알아듣다 understand

    빠진 주어를 보충하여 영작한다.

    선생님이 무엇을 말씀하시는 지 알아듣지 못하겠다.
    = 나는/ (그 선생님이/ 무엇을 말씀하시는 지)를 잘 알아듣지 못한다.
    I/ do not understand well (what the teacher/ is talking about).

22. 나는 매일 밤 잠자기 전에 단어를 20 개씩 암기한다.
    암기하다 memorize, 단어 word, 잠자다 go to bed
    잠자기 = 잠자는 것 = going to bed, to go to bed
    전에 before

    (잠자기)는 going to bed 와 to go to bed 두 가지가 가능하나
    before (전치사) 뒤에는 to 동사가 오지 못하여, "잠자기 전"은 before going to bed 이다.

    나는/ (매일 밤) ((잠자기) 전에) 단어 20 개를 암기한다.
    I/ memorize 20 words (every night) (before going to bed).

23. 나는 어제 내가 원하는 귀걸이 한 쌍을 찾았다.
    귀걸이 earring, 한 쌍 a pair, 찾다 find-found-found

    나는/ 어제 (내가 원하는) 귀걸이 한 쌍을 찾았다.
    I/ found a pair of earrings (that I wanted).

24. 난 바퀴벌레들이 무서워.
    집에 바퀴벌레들이 없는 것이 다행이야.
    무서운 scared, ~이 무섭다 scared of ~, 바퀴벌레 cockroach, 다행이다 happy

    난/ 바퀴벌레들이 무서워.= 나는/ 바퀴벌레들을 무서워 한다.
    I/ am scared of cockroaches.

    집에 바퀴벌레들이 없는 것이 다행이야.
    = 나는/ ((나의 집에) 바퀴벌레들이 없는 것)이 다행이다.
    I / am happy (that there are no cockroaches) (in my home).

25. 저녁 후에, TV 를 보았다.
    저녁 dinner, supper, TV 를 보다 watch TV

    (저녁 후에), TV 를 보았다. = (저녁 후에) 나는/ TV 를 보았다.
    (After dinner) I/ watched TV.

26. 어머니께서 나를 꾸짖으셨다.
    꾸짖다 scold-scolded-scolded

    어머니께서/ 나를 꾸짖으셨다.
    My mother/ scolded me.

27. 너희들은 수업이 시작되기 전에 화장실에 가야 한다.
    수업 class, 화장실 toilet

    너희들은/ (수업이/ 시작되기 전에) (화장실에) 가야 한다.
    You/ should go (to the toilet) (before class/ starts).

28. 이 책은 그림들이 없습니다.

    주어가 두 개로 보이나, "없다"의 표현을 바꾸면 주어가 하나임을 알 수 있다.
    없다 = 가지고 있지 않다.

    이 책은/ 그림들이 없습니다.= 이 책은/ 그림들을 가지고 있지 않다.
    This book/ has no pictures.
    This book/ does not have pictures.

29. 나는 그 항아리의 뚜껑을 벗겼다.
    항아리 jar, 뚜껑 lid, 벗기다 remove-removed-removed

    나는/ 그 항아리의 뚜껑을 벗겼다
    I / removed the lid (from the jar).

30. 대단하다. 대단한 amazing

    주어, 동사, 목적어, 보어가 없으면 상황에 따라 없는 부분을 찾아
    적어야 한다. 한글은 없어도 되나 영어로 적을 때는 반드시 찾아 적어야 한다.

    대단하다.= 그것은 (너는)/ 대단하다.
    It/ is amazing. 또는 You/ are amazing.

31. 그는 집 밖에 있었다. 밖에 outside
    "~에 있다"는 be 동사를 사용한다.

    그는/ (집 밖에) 있었다.
    He/ was (outside the house).

32. 내가 씻는 동안, 그녀는 거실에 있었다.
    씻다 wash, 거실 living room, ~에 in, at, to… 거실에 in the living room
    ~에 있다 = be 동사 사용

    (내가/ 씻는 동안) 그녀는/ (거실에) 있었다.
    (While I/ wash), she/was (in the living room).

33. 내 주머니에 사탕이 있다. 주머니 pocket
    "~이 있다"는 there is (are) 의 형을 쓴다.

    (내 주머니에) 사탕이 있다.
    There is candy (in my pocket).

34. 중국인들은 박쥐들이 좋은 운을 가져 온다고 항상 믿어오고 있다.
    좋은 운 good luck, 가져오다 bring, 믿다 believe

    중국인들은/ (박쥐들이 좋은 운을 가져 온다고) 항상 믿어 오고 있다.
    The Chinese have always believed that bats bring good luck.

35. 나는 나의 아파트에 들어갔다. 들어가다 enter,
    주의: enter/join 은 "~에"이지만 예외로 전치사를 사용하지 않는다.

    나는/ (나의 아파트에) 들어갔다.
    I/ entered my apartment.

36. 나는 그 클럽에 가입했다. 가입하다 join
    enter/join 은 "~에"이지만 전치사를 사용하지 않는다.

    나는/ (그 클럽에) 가입했다.
    I/ joined the club.

37. 그는 무슨 질문들이 있었니?
    무슨 질문 what question
    동사는 하나인데 주어가 두개이면 주어를 하나로 만든다.

    그는 무슨 질문들이 있었니? = 그는/ 무슨 질문들을 가지고 있었니?
    What questions did he/ have?

38. 너는 Peter 에게 그의 지시에 대한 무슨 질문들을 하는 것을 원하니?

    너는/ Peter 에게 (그의 지시에 대한) (무슨 질문들을 하는 것)을 원하니?
    What questions would you/ like (to ask Peter) (about his instructions)?

39. 당신은 카드, 우표, 조개 껍질과 같은 것들을 수집합니까?
    ~과 같은 such as, 수집하다 collect

    당신은/ 카드, 우표, 조개 껍질과 같은 것들을 수집합니까?
    Do you/ collect something, such as cards, stamps, or shells?

40. 너는 집에서 돕기 위하여 무엇을 하니?

    너는/ (집에서) (돕기 위하여) 무엇을 하니?
    What do you do (to help out) (at home)?

41. 너는 무슨 종류의 뉴스를 보는 것을 좋아하니?
    무슨 종류 what sort, 무슨 종류의 뉴스 what sort of the news

    너는/ 무슨 종류의 뉴스를 (보는 것)을 좋아하니?
    (What sort of the news) did you/ like (to watch)?

42. 너는 왼쪽에 있는 그 사진이 오른쪽에 있는 그 사진의 한 부분이라는 것을 알아챘니?
    알아채다 notice,
    너는/ ((왼쪽에 있는) 그 사진이/ (오른쪽에 있는) (그 사진의) 한 부분이라는 것)을
    알아챘니?
    Did you/ notice (that the photo on the left is a part of the photo on the right)?

43. 어떤 사진이 너에게 더 근접한 뷰를 보여주니?
    더 근접한 뷰 a closer view
    "어떤 사진"이 주어이므로 이 문은 다음 순서다.
    wh~ + 동사 +목적어 +목적어 +보어

    어떤 사진이/ 너에게 더 근접한 뷰를 보여주니?
    Which photo/ gives you a closer view?

3분만 배우면
바로 쓰는 영작 비법 ①

2007 년 3 월 초판 1 쇄 발행
2009 년 2 월 초판 2 쇄 발행
2011 년 4 월 초판 3 쇄 발행

출판사: Rainbow Consulting　　　등록: 제 2007-27
저자: Charles Lee

Web page:　　http://www.rainbowcollege.com
E-mail:　　　webmaster@rainbowcollege.com

ISBN 978-89-959350-0-2

값 8,900 원